目次

デザイン　田内　秀

序

白い地の上に、筆描きによって藍色の文様が施された焼物が染付である。ただし、より古いペルシアなど西の方は「染付陶器」であり、東の中国、日本では磁土を高熱で焼くので「染付磁器」で、ボディの質の異なりがある。

文様といっても非常に絵画的なものや装飾的なものがある。特に大皿や大壺の胴は、焼物としての白地がちょうど紙や絹、またはカンバスと類似した面をもつので、絵画的な絵が施されることが多い。そのモチーフは、絵画がそうであるように、人物、風景、書などさまざまである。白と藍のコントラストが美しく、筆で絵・文様や詩が描かれている。中国には水墨画が伝統的にあり、基本的に白と黒の二色の世界である。その墨色にも何十種もの異なりがあり、青墨から赤墨その他墨色の色調は数限りがない。その墨色に変わったのが藍色の染付である。

運筆の冴えは、時として紙や絹の上に表現されているのとは異なった雰囲気がある。主文様となるものは絵画的であるが、壺や皿の場合、類似の渦巻、蔓草文が連続文様として描かれる。それも細長く配されるので、その手慣れから生まれる柔らかく軽やかな味わいがあり、少しも肩のこらない楽しさは、染付の皿や碗ならではのものである。

中国では「染付」のことを「青花」という。白と藍の二色のみのカラー・バランスを青い花にたとえ、花を華と記すことがあるが、漢字の国・中国ならではの呼び名であると感心する。

「染付」という名称は非常に日本的であって、染めると記しているので基本的には染色にかかわる言葉であるが、日本が十四世紀以後中国よりそれを受け入れた頃は使用しておらず、中国で使用していた「青花」と記したものと同じ名称を文献の上でも見ることができる。

江戸時代、一七一八年に編ぜられた『万宝全書』に、それ以前（一六四〇年）の『道具手鑑』に「染付」の呼び名が記されているとある。したがって江戸初期にはそろそろ「染付」という名称が普及され始めたと考えられる。

当時、すでに庶民の間でも親しまれていた木綿の藍染（あいぞめ）、即ち植物の藍草（あいくさ）から搾り出した汁を原料とした藍染がまずあり、それに似通った雰囲気をもつ焼物であるとの意で、この「染付」の名称が江戸時代より現代に至るまで親しまれてきたといってもよい。

英語では「ブルー・アンド・ホワイト」と、いかにもわかりやすい表現であり、ペルシア語では「セフィード・ブア・アビット」、これも青と白の意であって誠に理解しやすい呼び名である。ただ英語で「ブルー」というのは「陰鬱」といった意があり、あまり楽しげではないので、私は「ブルー・アンド・ホワイト」のみではなく「ブルー・アンド・ホワイト・セラミック」と称するように気をつけている。セラミックは陶磁の総称である。

皿等の中央の絵は単なる陶工の職人によるものではなく、一人前の独立した画家の手によるものが数々ある。それを基本として絵付師が数多く描くのだが、陶工の職人とは緊張感が違う。特に十四世紀中期、景徳鎮には揚州にあった草虫画派の画家がやってきて、彼らの得意とする植物や昆虫が見事に描かれている。カマキリ・蝉の絵など彼らならではの仕事である。

元時代染付の製法の段階として、まず轆轤でボディを作り、それを陰干ししてその上に直接絵を描く。日本など湿度の高い所では、一度低い熱で素焼きをし、その後絵付けをするのだが、中国では伝統的に陰干しのみで絵を描く。

藍色を出す酸化コバルトは、精製されたやや灰色系の紫色をした粉末である。岩絵具と同様であるから、当時の中国人画家や後世の日本人画家にとって、筆で絵を描くのはさして問題はなかったかもしれないが、先述の素焼きをしていない、我々が「生がけ」と通称する、ボディに直接絵を描く場合、素材の乾燥の頃合いによって絵の具の吸い込みがそれぞれ違う。焼物に描く時は、紙や絹の上に描くのと違って、絵筆の穂の獣毛の硬さ、柔らかさ、長さ、短さ、水の含み具合など、微妙な点を体得した上でないとあの染付はできないものである。

染付の白地と藍色のコントラストは決して均一ではなく、景徳鎮の窯にも染付を焼いた所は幾箇所もあって、その胎土も微妙に異なり、元時代のものは思ったより純白ではなく青味と灰色を帯びている。明時代の十五世紀中期以後、景徳鎮の白磁は上手に鉄分を除き、精製も非常に丁寧になり、白さが冴えてくる。これは現代に作られている製品の場合も同様で、形、文様はかなり似ていてもボディの胎土の細かさと白さに異なりがある。

もちろん、そのややくすんだ白磁のボディに描かれた酸化コバルトの藍色にもそれぞれ異なった色調があり、それも描くときに使用する顔料の質・量によってまちまちである。また我々がダミと呼ぶ藍の極度に黒っぽいところや鉄色の斑点が出るのが元染付の特徴である。

明朝十五世紀の文献によると、西方から来る回青（ペルシア産の酸化コバルト）のみでは色の境界部分が白地の方に滲み出やすいが、土青（中国産の酸化コバルト）を混ぜるとその滲みが止まる、とある。また、窯の中で絵付けされた製品が置かれた場所によって少しずつ発色が異なり、どれほど熟練した窯焚きの陶工であっても、大きく長い窯の中の温度を均一にすることはできず、藍色の発色が淡かったり濃く黒っぽくなったりする。

そのような多種多様な条件の中で、ほぼ均一化されたものが大量生産されたというのは、当時、中国の窯業がいかに進んでいたかということを物語っている。今では窯の中の焔の色で熱を測量できるパイロメータという機械があるが、当時は肉眼でもって色調を見つつ、もっと温度を上げるか、ここで止めるかを決めていたのである。もちろん窯の燃料は、北方系は石炭、ここ景徳鎮や龍泉窯などの南部の薪は松が主であるが、その木の種類で乾き具合はデリケートに変わる。

染付の発生は九、十世紀のペルシアまたはメソポタミアにあったが、胎土となる陶土は陶器と呼ぶ八〇〇度前後で焼き上げたもので、中国にある一三〇〇度という高熱で焼いた磁器のような硬いものではなかった。そこで、中国になかった良質の酸化コバルトを採掘できるペルシアでは、それを中国に提供し、カオリン（磁土）の豊かな中国で染付磁器として焼き、再び中国より東南アジアから中近東へと輸出し、十六世紀以後の大航海時代からはヨーロッパ全域、十八世紀以後はアメリカにもと、その分布は広がる。染付陶器から染付磁器への流れの背景には汎世界的な壮大な歴史がある。

今もって景徳鎮では窯を焚くのは中国南部から来る人達の腕が良いという。おそらく、染付や色絵の景徳鎮のようなカラフルなものよりも、モノクロームの青緑っぽい釉色、一色で品物の良し悪しが決まる青磁、火色のみに頼る青磁焼の陶工のほうが、伝統的にデリケートな修錬を受けていたのであろう。分業主義によって窯産業は成り立っていたので、景徳鎮に集まる窯焚き工は、南の方から来る人達に優秀な人が多かったと推定できる。

中国の人達といろいろ話をしていると、本当に焼物の好きな人はやはり「青磁」が良いと、話が戻っていく。「玉」のような柔らかく厚みのある感覚が、中国人は本当に好きである。したがって、北宋の汝官窯、南宋の修内司窯、郊壇官窯などが最高であり、越州青磁や龍泉窯青磁にも玉の如き雰囲気をもったものがあるが、それらの中でも器体の形の良さと釉薬の単色だが切り詰められたこの二つの要素でのみ勝負するのが本当の焼物の良さであると彼らは考えていた。青磁でなくとも白磁でもよい、また天目釉の黒褐色でもよい、染付や色絵は騒がしいものであるというのである。

明朝の洪武二十年（一三八七）に『格古要論』という美術品のスタンダードについて記した本があるが、その中で著者・曹昭は次のようにいっている。

元朝の小品で枢府の字の押し型のあるものは質の高いものである。ただ青花や五色花のほどこされたものの俗っぽさは甚だしいものである。

すなわち、小品ではあるが白磁で宮廷使用を現す枢府の文字のあるものは良いものであるが、染付やカラフルな色絵は下品なものだと言い切っている。

確かに、青磁がその器物の形とさらに上にほどこされた釉調の釉色で、その焼物が本来持つべき格調をかもし出すべきであるのと比べ、染付の藍で文様を描いたり、中国人が五色花あるいは五彩と呼び、我々日本人が赤絵とか色絵とか称するものは、赤、黄、緑、さらに黒線で花や人物を描いた。それらはややもするとその賑やかさで人の目を奪い、焼物として大切な形の美が、瓶や壺ではおろそかとなっている。十四世紀末の文人であった曹昭はそれを嘆いたのであろう。

もちろん、私とて青磁の質の高いものはその良さを認める者である。しかし、美しい藍色に発色するペルシアの酸化コバルトの回青と、中国の景徳鎮の磁土という一三〇〇度の高熱に耐えるカオリンナイトの合体が可能にした「青の世界」は、私を魅了し、世界に旅立たせた。

第一章　衝撃の出会い

―イスタンブール・トプカピの元の染付

はじめて見るトプカピの染付

白地の上に、藍一色で運筆も鮮やかに鱖魚*（けつぎょ）がポンと描かれている。淡水魚独特の、下顎の骨が大きく、受け口風の下顎はしっかりと、丸い大きな眼、胴体には太い筆でぐるりと幅広い円模様がいくつも配されている。尻尾はちょうど団扇の如く、中心が切れ込んだ普通の三角形のものとは異なっているところにこの鱖魚の特徴がある。魚の上下には水藻が一筆一筆上から下に、また下から上にと、今にも揺れ動かんばかりのしなやかさと柔らかさで、扇子状に、葉先になるほど細く描かれている。魚と水藻の間の空白には、ポツポツと四葉のクローバー如きものや丸い浮き草が配されて、池であろうか川であろうか、いずれにしても水の湿度のある雰囲気を充分にかもし出している。

「ああこれが元*染付魚藻文のお皿だ。しばらく、もうしばらく待っていると動き出しはしまいか」という思い入れをもって、私は目を釘付けにして見つめていた。

「この皿は孔雀だ。蓮花の蕾を飾りつけた飾手摺りがあるから、きっと楼閣の中庭に舞い降りた孔雀を描いたのであろう。それにしてもしなやかな首、そして羽の一枚一枚の細やかな羽毛が、なんのくったくもなく快いリズム感で使いこな

鱖魚　中国特産の淡水魚。高級魚といわれる。

元（1271―1368）フビライが建てた王朝。首都は大都（現在の北京）。1279年南宋を滅ぼし、中国本土を中心にモンゴル・チベットを領有、高麗を服属させた。紅巾の乱を契機として明祖・朱元璋に滅ぼされた。

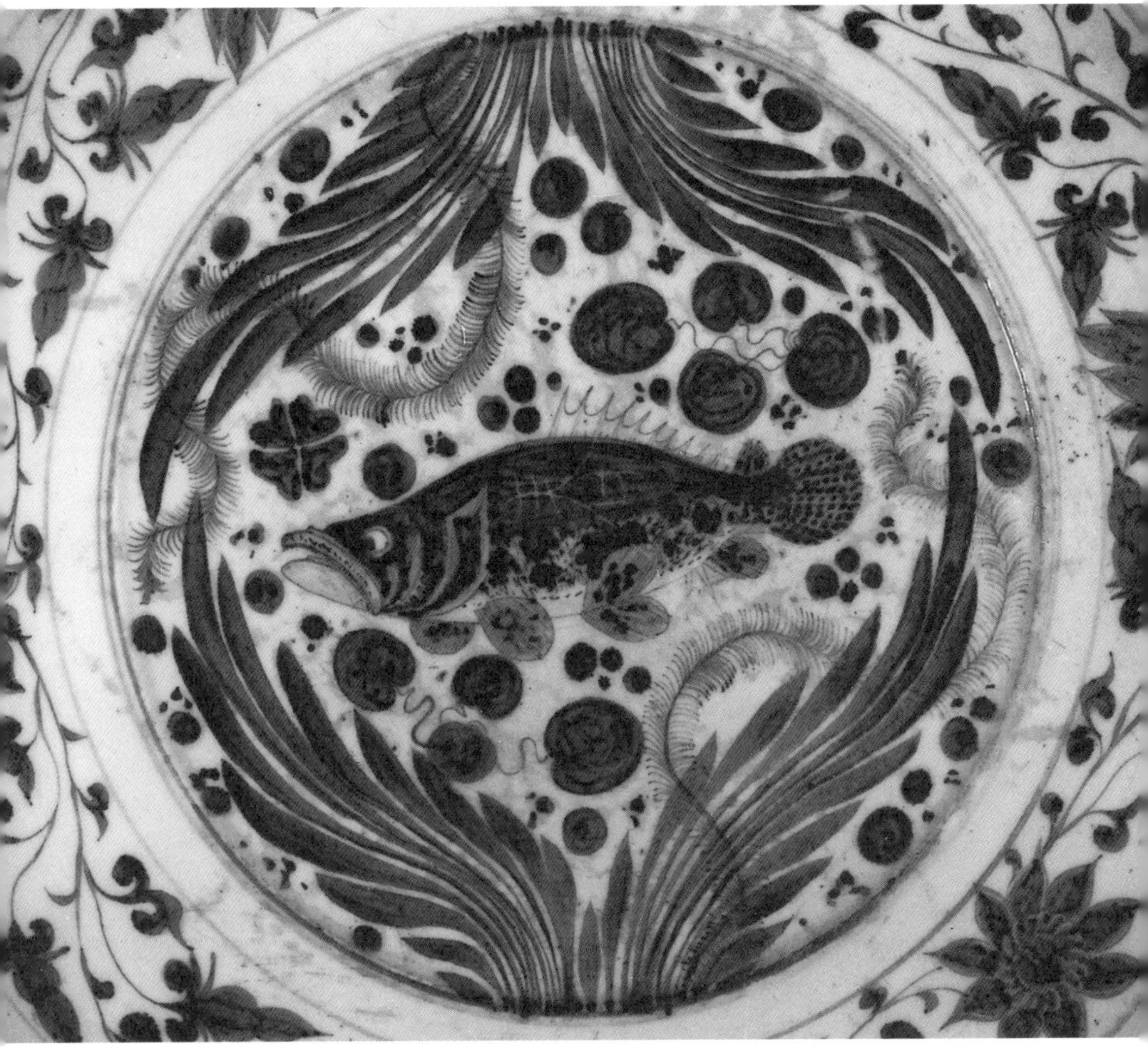

染付魚藻文皿［元 14世紀中期 アルデビル廟蔵／イラン］

された筆描であることよ」

「いや、こちらは藍地に白い龍が蛇行する。雲を散らした海だろうか、青空だろうか、私たちが白抜きとかツブシという、バックを藍で塗りつくし、その中にテーマである白龍が今にも空に向かって昇って行くような力がある。この手の白抜きは元染付の中でも数えるほどしかないはずだ」「この鳳凰は上から舞い降りてきた姿だろうか。頭のようすから、どうも地上から飛び立った姿ではないよ！」「それにしても、竹、芭蕉、バナナの葉のあのように薄い、風で揺れそうな質感が、藍だけでどうして焼物の上に描けるのだろうか。竹の葉だって何と上手に、束になったときの風情がかもし出されていることよ。ここには朝顔が描かれている。葡萄だって……」

と、一枚一枚、皿の中央に描かれた絵に目を止めていった。しかもその皿は四十センチ、時としては五十センチと日本ではほとんど見かけない大きいものばかりである。

「ああこれが元の梅瓶*（メイピン）だ。中国のいろいろな壺や瓶の中で、梅瓶こそは最も優れた形のものだ。上端の口作り、丸い平坦な輪状だけれど端末は少し上になり、上に一条わずかに低く下がり、また少し上がって瓶の入口に達する。その輪の大きさ、幅のある面に注がれたカーブと厚さと大きさ、しかも瓶の肩からの立ち上がり高さとわずかにもたらされた外への張り出した線は、これより真直でも悪いし、斜めになっても醜い。円くふくれ上がった瓶の上部、口作りの大

梅瓶　中国陶磁器の器形の一。主に酒器とされた。

染付鳳凰草花文皿　部分

染付鳳凰草花文皿［元　14世紀中期　トプカピ・サライ蔵／トルコ］

きさ、高さ、その最も収まりの良いバランスは、いかにも計算したというのではなく、陶土の柔らかい間に幾度かひねり上げたり崩したりするうちに、よし、これだと言って、この形のものに決まったのであろう。瓶全体の高さと肩や胴の張り具合、その絶妙な形のバランス、いったい誰が決めるのだろう。もちろん、轆轤匠の手の、陶土に力を入れたり弱めたりする中で生まれてくるのは確かだ。が、時代時代で、あの広い中国の窯で少しずつ形が微妙に異なりがあり、窯の特徴が決まる。一介の陶工のさらに上に、美しさのわかる監督官のようなコーディネーターあってこそだろうか」

そんなことを考えながら立ち尽くしていた。

遠い旅路

一九六三年五月、私は初めてイスタンブールを訪れた。トルコは日本人にとって遥かな国だった。戦後とは言え、ヨーロッパやアメリカに関しては情報が入ってくる。特にアメリカは太平洋戦争*後、軍が日本に進駐しており、それなりに近い国であった。そしてヨーロッパ文化もまた、第二次世界大戦前から私達のジェネレーションは哲学、文学、医学、美術と、浸透してくる何かを感じ取っていた。それらと比べるとトルコは、なんだかお伽の国的なところであった。

世界が連合国と日独伊に分かれて戦争をした時、トルコはいったいどんなポジションにあったか、私はあまりよく理解できていなかった。イスタンブールはむ

太平洋戦争　第二次世界大戦(1939–1945)のうち、太平洋地域が戦場となった日本と米・英・オランダ・中国など連合国との戦争

染付牡丹唐草文梅瓶［元 14世紀中期 トプカピ・サライ蔵／トルコ］

しろギリシア・ローマ文化、その後のビザンチン文化は少しは意識している。しかし、その後のオスマン・トルコ*は中近東でもなければヨーロッパでもない。十五世紀から十九世紀にかけてオスマン・トルコのスルタンが居城としていたトプカピ・サライと呼ぶ旧宮殿に、三十八点の中国元時代の染付がある。いったいどういうことなのか。スルタン*が蒐集したというが、なぜ中国の焼物に興味をもったのだろうか、正直見当もつかないことであった。

アメリカのワシントンD・Cにあるフリヤー・ギャラリーのジョン・アレキサンダー・ポープ氏が一九五二年に出版した小冊子がある。白黒写真のわずか四、五〇ページだが、そこには元染付への謎解きが示されていた。その本に示された品を目にした時から、とにかく私なりに現物を見たい、自分の目で確かめようと考え始めていた。

今から四十年前、海外旅行の条件は現在とまったく違っていた。パスポートは海外との貿易で外貨が稼げる大会社の特別な人にしか発給しない。一ドル三六〇円、持ち出しは五百ドルと限られていた。そのような状況の中でのイスタンブールは遠いところであった。しかも日本人はパン・アメリカン航空以外の航空機では気軽に行けない。船だって鉄道だってあるはずだが、いったいどうすればよいのか。発着する町や港、ましてタイム・スケジュールなどはどこで確認できるのか。チケットは円で支払うことができるのか、ドルのみなのか。ドルのみならば五百ドルの枠から支払わなければならないのか。フリー・ランスになりたての私

オスマン・トルコ　オスマン帝国（1299–1922）。オスマンが建てたトルコ系イスラム国家。1453年メフメト二世がコンスタンチノープルを征服して遷都し、16世紀が最盛期。ヨーロッパ・アジア・アフリカにかけて支配した。

スルタン　イスラム圏でカリフから特定地域における権力を委任された者

ジョン・A・ポープ　→p.34,56

白い磁肌の上に白と藍のコントラストが美しく、絵・文様や詩が筆で描かれる。運筆の冴えは時として紙や絹の上に表現されているのとは異なった雰囲気がある。その手慣れから生まれる柔らかく軽やかな味わい、肩がこらない楽しさが染付の魅力であろう。世界各地での考古遺跡の発掘で、今まで知られていなかった元染付の出土が続き、元時代の編年研究が一段と進んでいる。

元朝十四世紀中期もっとも元染付らしいこの壺は、出土品なので蓋などに補修があるが、龍・牡丹唐花、肩の八宝文、すべて元の代表文様である。また獅子頭に青銅の環があるものは珍しい。儀式のための、あるいは宮殿内の荘重さをかもすための壺だと思われる。

染付雲龍文獣耳蓋壺［元 14世紀中期 江西省高安県博物館蔵］

染付の文様

染付の文様は花・草・動物・鳥・虫・人物・風景・書など、変化に富んでいて楽しい。染付の生産地景徳鎮では大陸中南部の高温多湿な風土を反映して、その文様は芭蕉・竹・朝顔・葡萄・瓜などが多く、砂漠の多い乾燥地域の回教圏ではこの種の文様が喜ばれた。びっしり描き込まれた余白の少なさから、中近東・回教文化圏への輸出品であることがわかる。吹墨の皿（下段）の中央は鷺のいる蓮池を図案化した絵である。

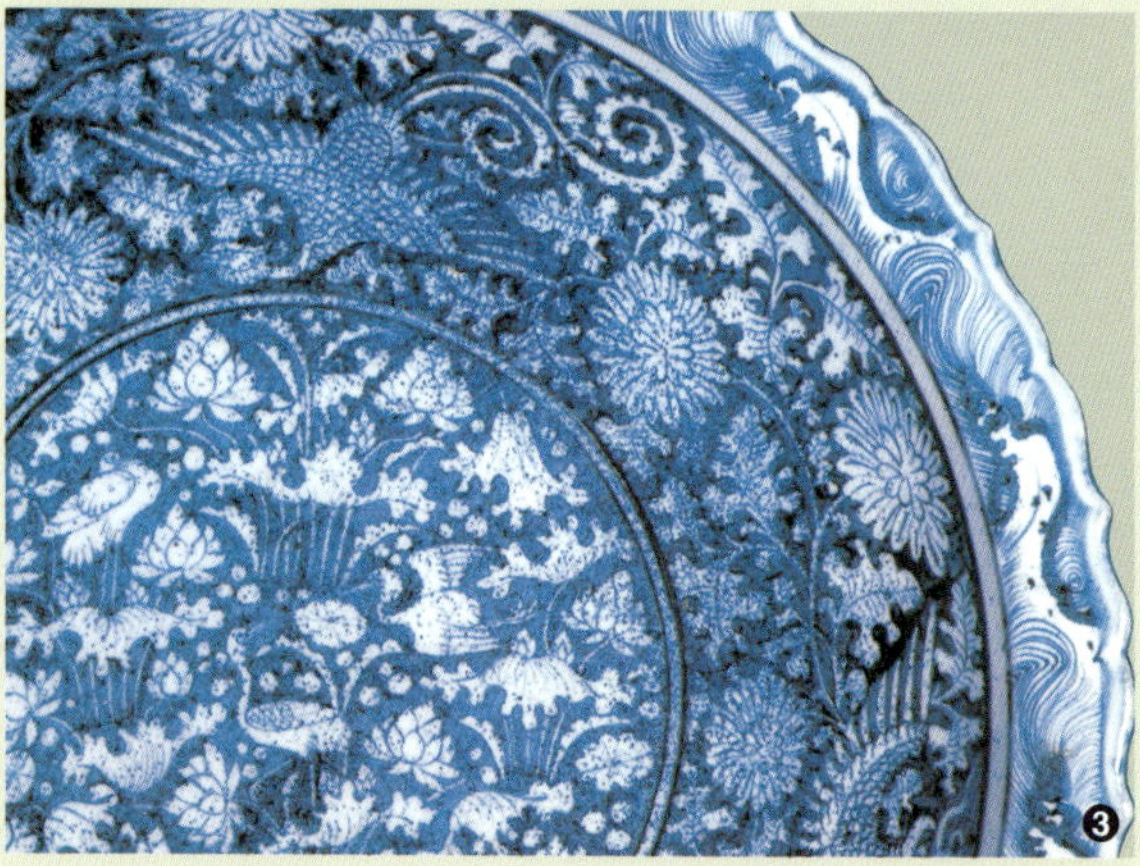

❶染付芭蕉草花文皿［元 14世紀中期 トプカピ・サライ蔵／トルコ］花模様には微妙な花弁の凹凸が施されている

❷染付八宝倶利文皿［元 14世紀中期 トプカピ・サライ蔵／トルコ］伊万里染付にあらわれる蛸唐草。その源はすでに元時代にあった

❸染付蓮池水禽吹墨白抜文皿［元 14世紀中期 トプカピ・サライ蔵／トルコ］全面に吹墨の斑点がある。吹墨の最も古い例

染付孔雀葡萄文皿［元 14世紀中期 トグラク宮殿出土／インド］孔雀は本職の絵匠の描いたものであろう躍動感が伝わってくる

染付蓮華八宝白抜文鉢［元 14世紀中期 トプカピ・サライ蔵／トルコ］

染付草花虫文瓢形瓶［元 14世紀中期 トプカピ・サライ蔵／トルコ］

染付巻龍文梅瓶［元 14世紀中期 トプカピ・サライ蔵／トルコ］

染付牡丹禽獣文扁壺［元 14世紀中期 アルデビル廟蔵／イラン］

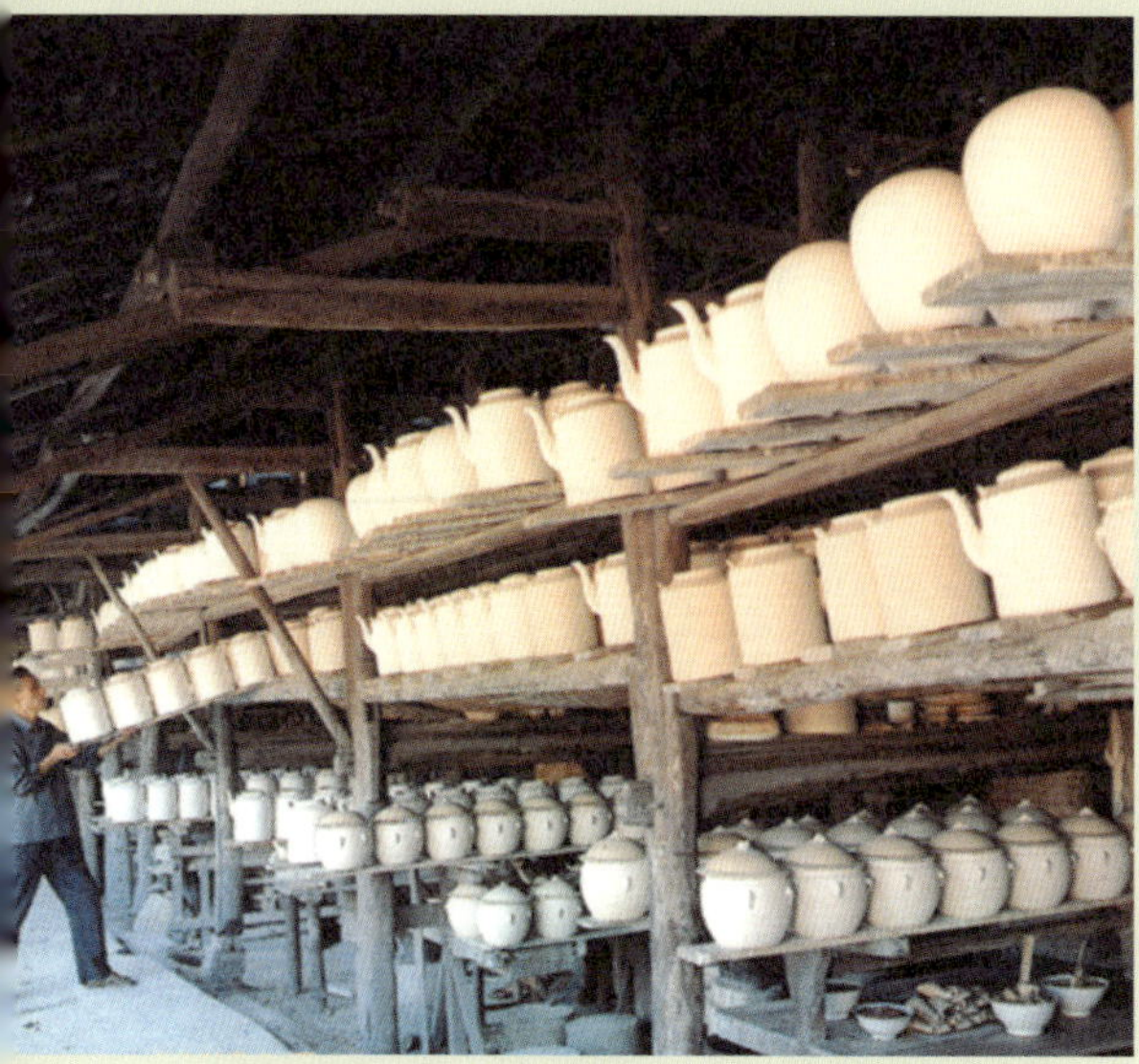

景徳鎮

この窯の歴史は古く、漢時代に始まるといわれ、宋朝景徳時代に宮廷用の品を焼いたことから景徳鎮窯の名称がつけられた。千年の歴史を誇る世界に冠たる窯である。

近代化された景徳鎮とはいえ、町を歩くと背の高い煙突の林、瓦葺の大屋根、いたるところに白灰色の、今轆轤を引いたばかりの碗を乾燥させる姿を見ることができる。

藍《コバルト》（呉須）の発色テスト（焼成温度1280度〜1300度）［2001年7月実験］

染付の藍（酸化コバルト）には天然ものと人工もの（19世紀以降の化合物）があるが、発色の相違はほとんどない。ところが群青岩絵の具を使用すると朱色となった。

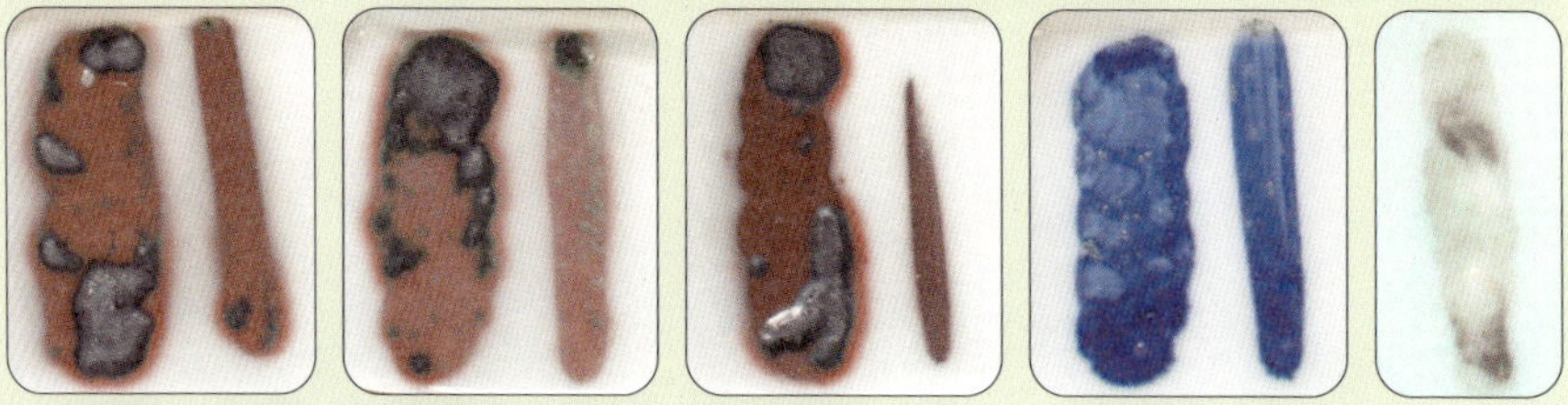

天然群青2［中国製］ **天然群青0**［中国製］ **天然群青8**［日本製］ **人工呉須3**［中国製］ **ラピスラズリー**

- 日本産群青（銅系）は釉裏紅が少し濁った朱色に発色している。
- 飾り石や、絵の具の顔料に使われているラピスラズリー［アフガニスタン産］を焼成したところ、美しい青には発色しなかった。

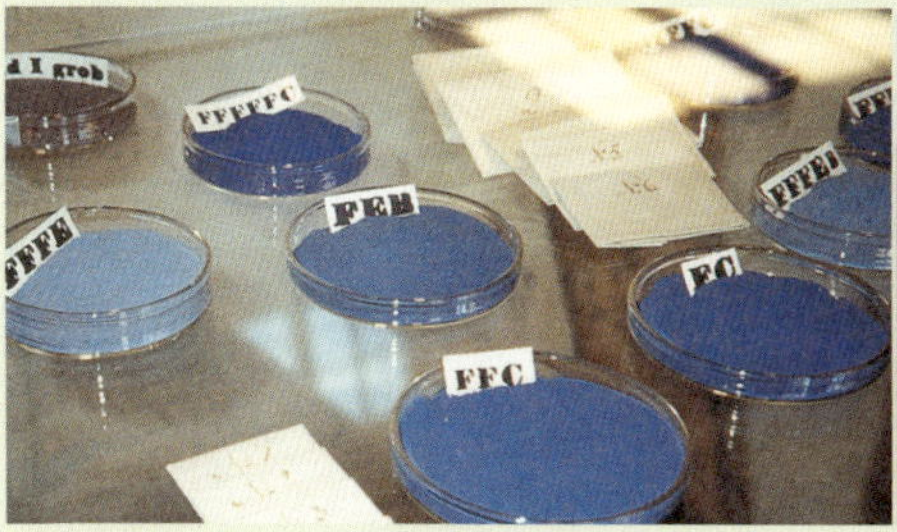

精製したコバルトのサンプル［モデューム鉱山／オスロ西郊外（ノルウェー）］

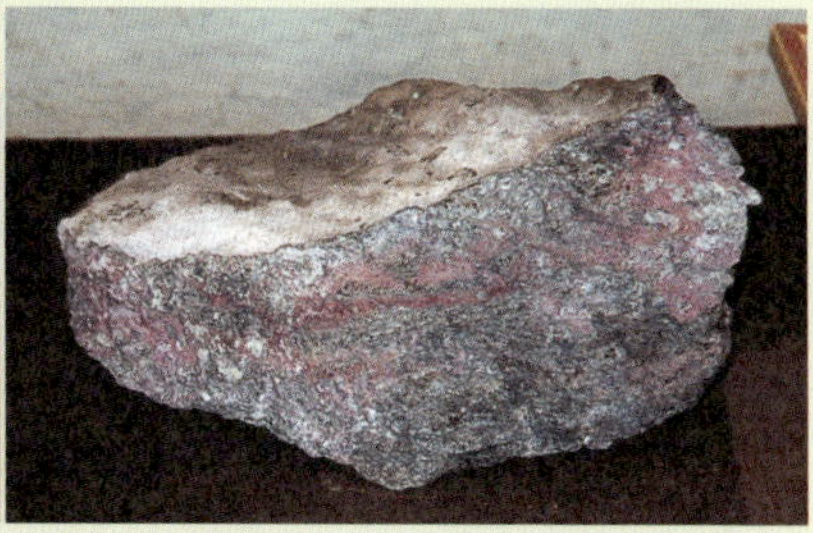

コバルトの原石 朱色に見える部分がコバルト［モデューム鉱山／オスロ西郊外（ノルウェー）］

江西省の鄱陽湖東岸に高梁山という白色磁土の出る地が古くよりあり、その名がなまってカオリンと呼ばれ世界語となった。宋時代、いろいろな形の白磁・影青（インチン）を焼き、元時代になると藍の染付を量産し、明時代以後は色絵の色彩的な釉を施すようになった。古い祁門、婺源の磁土がなくなっても、近くに磁土を探し世界のポルセラインセンターの地位を保っている。そのカオリンの白磁の白さと硬さに世界の人々が憧れたのであった。

青白磁獅子鈕水注・承盤［北宋 11世紀 景徳鎮窯］

染付花卉唐草文碗「大明成化年製」銘［明・成化 15世紀 景徳鎮官窯］

❶染付扁壺［元 14世紀中期 景徳鎮窯 アルデビル廟蔵／イラン］
❷染付鳳凰文皿［元 14世紀中期 景徳鎮窯 アルデビル廟蔵／イラン］
❸❹染付雲龍文扁壺［元 14世紀中期 景徳鎮窯 トプカピ・サライ蔵／トルコ］
❺染付麒麟草花文皿［元 景徳鎮窯 トプカピ・サライ蔵／トルコ］
❻染付牡丹唐草文瓶［元 14世紀中期 景徳鎮窯 アルデビル廟蔵／イラン］

染付や色絵にしても、そのモチーフは中国伝統の龍・鳳凰・霊獣などが主となり、我々に中国らしさを伝えている。

日本やヨーロッパの焼物のモチーフとは異なった中国文化の強い個性が、他の地の人々にエキゾティシズムを感じさせたのである。

❶染付人物故事図（唐太宗）壺［元 14世紀中期 景徳鎮窯 ボストン博物館蔵］
❷染付魚藻文壺［元 14世紀中期 景徳鎮窯 トプカピ・サライ蔵／トルコ］
❸五彩孫悟空図壺［明 16世紀 景徳鎮民窯］
❹白磁緑彩龍文皿「大明正徳年製」銘［明・正徳 15世紀末期 景徳鎮官窯］

❷

❶

❹

❸

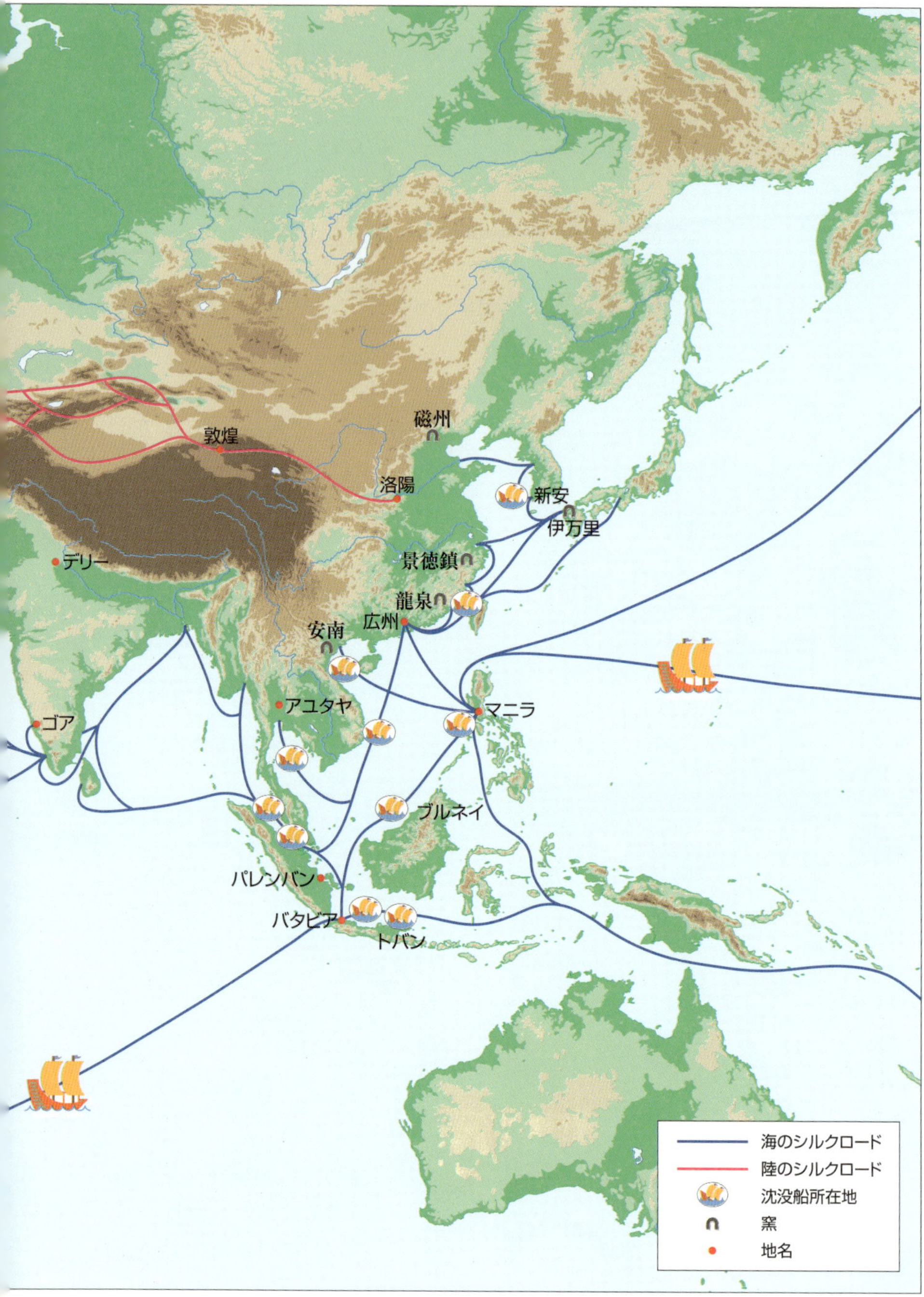

磁州
敦煌
洛陽
新安
伊万里
デリー
景徳鎮
龍泉
広州
安南
アユタヤ
マニラ
ゴア
ブルネイ
パレンバン
バタビア
トバン
海のシルクロード
陸のシルクロード
沈没船所在地
窯
地名

陶磁の世界地図
アムステルダム
デルフト
マイセン
リスボン
イスタンブール
アルデビル
ニシャプール
カイロ
セント・ヘレナ島
喜望峰

海を渡る中国磁器

世界に拡がった中国磁器は、絹・漆と同様に中国の特産品として歴史を通して貴重視された。すでに九世紀半ばより、その硬さ、軽さ、涼やかな音のする不思議な焼物として、カイロのフスタート及び中近東に輸出された。十六世紀大航海以後は喜望峰を回って、オランダをはじめとするカラック船でヨーロッパに運ばれシノワズリー・ブームを起こし、さらに太平洋を横断してメキシコにまで至った。

トプカピ・サライ宮殿［トルコ］

トプカピ・サライ　展示室　現在の陳列［トルコ］

カサ・デ・リスコ　中庭噴水飾り
［メキシコシティ南郊外／メキシコ］

マントルピースに飾られた中国染付の図［オランダ油絵　18世紀］

中国磁器の陳列　ビクトリア＆アルバート博物館［イギリス］

海のシルク・ロードを証明する海岸の磁器破片

重い中国磁器はラクダの背に乗せるのではなく、船のバラストとして船底に積み込んで運ばれたと推定し世界的に調査を始めた。文献がなくとも当時の港の海岸で陶磁破片が数多く採集され、交易があったことが明らかになり、また、沈没船の引揚物（一括遺物）から当時の生産品がバラエティに富んでいたこともわかる。記録や伴出品により沈没船の年代が明らかになった。インドには今も青磁のコレクションがあり、昔のマハラジャの館や廟の壁にずらりと飾りつけられている。青磁と染付が中国からインドに輸出された歴史を物語る。チムールに攻撃されたインドのトグラク・パラスの出土品はすべて割れているが、大切な編年の資料である。

塵をかぶった皿や鉢の調査　トグラク・パラス出土の元染付［デリー／インド］

新安沖の水中考古発掘

新安沖沈没船遺物の引揚げ［韓国］1976年より政府の援助の下に10年をかけて水中考古学調査が行なわれた。

オランダ東インド会社のビデ・ロー号は、1614年セント・ヘレナで沈没。1985年引揚げ当時の染付編年に役立った。

染付磁器と金インゴット（ゲーデルマルセン号遺物）キャプテン・ハッチャーはマラッカ海峡で1752年の沈没船を見つけ、1968年、載荷をアムステルダムのオークションにかけ52億円を手にした。

トバンの海岸
［インドネシア］
インドネシアの沈没船はジャカルタの商人が1981年にみつけた。その載荷は韓国新安沖とほとんど同じ時代のものである。

17－18世紀ヨーロッパでは、貴族たちが科学に対して興味を抱くようになった。中でも当時、金と同じ価値をもった磁器を焼くことに成功したのが、錬金術師ヨハン・フリードリッヒ・ベドガーであった。

ヨーロッパが憧れた中国磁器

ヨーロッパの中でも中国磁器と同じような焼物を焼こうとしたことで有名なのはマイセン窯である。今日もその伝統を守り生産は続けられているが、白磁、染付だけではなく人形や色彩的な花柄も多くの人々に愛されている。マイセン窯の成功はオランダ、フランス、イタリア、イギリス等の諸国に大きな影響を与え、今日に至るヨーロッパの焼物文化繁栄の基礎となっている。

ベドガーを訪れるアウグスト王

ヨハン・フリードリッヒ・ベドガー

ティーセット［マイセン窯］

ブルーオニオンのディナーセット［マイセン窯］

色絵花鳥文皿［ベニス 18世紀］

染付 キング&クイーン［デルフト 17世紀］

色絵東洋風人物図瓶［マイセン 18世紀］

染付東洋風人物水注［フランクフルト 18世紀］

色絵甕割図皿［チェルシー 18世紀］

染付東洋風人物瓶［デルフト 18世紀］

色絵東洋風港図皿［ウースター 18世紀］

金彩鳥文鉢［セーブル窯 18世紀］

世界に名を馳せた伊万里

明朝から清朝に変わる社会混乱のため、景徳鎮の生産はほとんど止まった。中国陶磁器の輸入で莫大な利益を得ていたV・O・C（オランダ東インド会社）は、その代替品として伊万里焼に目をつけ、十八世紀になると日本の伊万里はヨーロッパに広く分布された。また、着物姿や柿右衛門手のデザイン等、日本独特の文様が流行し、ヨーロッパ各地の窯で焼かれている。

❶［伊万里窯］
❷［景徳鎮窯］
❸［伊万里窯］
❹［伊万里窯］
❺［マイセン窯］
❻［ウースター窯］

にはその手がかりさえ曖昧模糊としていた。

でもあの頃はやっぱり若かった。紆余曲折、やっとの思いでイスタンブールのイスケヂエリ（今のアタチュル）の空港に着いたのは夕方であった。そこから町までの遠いこと、今のようにハイウェイがあって、ボスポラス海峡の海岸にぽんと出て海辺沿いにイスタンブールの中心に向かうのではない。ややおんぼろのリムジンバスは、なだらかな丘、人家のほとんどない草原を上り下りして走る。本当にこの道は正しいのかと訝る頃、やっと町を取り巻くような堤の上の城壁、その城門らしきところにたどり着いた。その堤にはたくさんの人が集まっており、着ている白いシャツが夕陽に映えて茜色に染まっていたのが、今も強く印象に残っている。それから、なるほど数百年の歴史にふさわしいたたずまいの立て込んだ町に入ったものの、坂道の多いこと、以前から地図で確認していたガラタ橋らしき橋を渡って再び坂道を上り、海の見える丘の上、ヒルトン・ホテルにたどり着いた。

次の日、不案内の町とて、少し高くつきそうだがタクシーに乗り「トプカピ・サライ・パラス・ミュージアム」と言って博物館に向かった。なるほど回教の町、丸いドームと鉛筆を立てたようなミナレと呼ぶ尖塔があちこちにある。やっと「ここだよ」と車から降ろされたのは、まさに石積みの壁と三角錐の塔を両側にしたアーチ型の門の前、これは宮殿と言うよりも城塞であると承知した。右手にボスポラス海峡がある、海に面した大変高い崖の上、これなら難攻不落であると理解できた。そのゲートを入って右手、前庭にアーチの並ぶ回廊、奥に煙突がポツポツと立つ別棟が昔の台所、そこが焼物の陳列室ですよ、とは、当時日本経済新聞社の円城寺次郎*氏のアート・アドバイザーをしておられた笹口怜さんにパリでばったり会った時に教えてもらっていた。

壁一面に、青磁・染付の大皿

天井の高い煉瓦積のアーチが並ぶホールと廊下が組み合わさった陳列室の広いこと、一歩その中に足を踏み入れたときの戸惑いは、今も忘れることができない。まず驚かされたのは、半円形の白い漆喰の石の壁ごとに何十枚という青磁の大皿や染付の皿が、どの壁も放射線状や菱形の斜線状に飾りつけられている。その壁の下には木製の陳列ケース、それもしっかりとした木組みでファニチャーとして幅広の柱と上下のしっかりしたもの、その中に三段も四段ものガラス棚があり、陳列というよりもまるで土産物店の商品ケースの如く中国の焼物が詰め込まれている。高さはそれぞれ二メートルばかり、さらにそのケースの上にも裸で幾つもの壺が並んでいる。私はそれまでも多くの世界の美術館、博物館を歩いてきたが、ここトプカピの陳列には度肝を抜かれ、しばらくの間、目の焦点が合わずぼんやりと立ち尽くしていた。

やっと気持ちを落ち着かせてケースの中を一点ずつ見た。「ああ、これがポープさんの本に出ていた蓮池水禽文の皿だ。これが世界にほとんど類のない瓢箪壺

円城寺次郎（えんじょうじじろう）［1907–1994］新聞記者・新聞経営者。経済記者として活躍した後、68〜76年、社長を務める。「日経流通新聞」、「日経産集新聞」を創刊。政府関係審議会委員を歴任した。編著に『敦煌の美百選』など。

中国磁器陳列室［トプカピ・サライ博物館 1965年撮影］

だ、なんと三つもあるではないか。この蝉と蟷螂（かまきり）の文様のあるのは日本の酒田にある掬粋巧芸館*の類品だ。大皿のなんと絵画的な運筆だろう。あのケースの上に裸で気安く置いてあるのは、東京国立博物館ご自慢の魚藻文の壺と同じだ。日本やアメリカでは一点だけをゆったりとした大きなケースの上、その台の上にぽんと置き鑑賞できるようにしてあるのに、なんとも気軽な陳列だ」

「今まで元の染付は一点か二点あるだけでも大変であったのに、ああ、これもそうだ、それも元染付だ。ポープさんの本に出ていたものが今ここにある」

なんだか子どもの頃親に連れられて玩具売り場に行き「今日は何でも買ってあげるよ」と言われ、何が本当に欲しいのかしらと、とても決められず、むしろぼんやりとしてしまった、あの時と同じ気持ちである。いつも美術館や博物館ではノートを出してこれというものはスケッチをしてきたのだが、そんな気持ちにもならない。最終的には三十八点の元染付があるのだが、一度にぱっと見せられた私は混乱が先に立ち、しかも元時代であればひとつのケースに壺は壺、大皿は大皿、鉢は鉢と、見やすく陳列しそうなのに、ここでは明時代の染付や他のものが混ざり合って無造作に陳列されている。広いスペースのある中央には高さ二メートルばかり、四方がガラスの矩形型のショーケースがあり、その中もガラス板の二段となったところに中国の焼物がぎっしり置かれている。

もともと二千人の宮廷人の台所であったとのこと、重い天井のアーチを支える石壁は厚い。その片側にゆったりと、まっすぐな廊下が一直線に各部屋をつない

掬粋巧芸館（きくすいこうげいかん）中国陶磁器の美術館。昭和7（1932）年開館。国指定重要文化財「染付飛鳳唐草文八角瓢形花生」などを展示する。山形県酒田市川西町。

芙蓉手陳列［明 16世紀 トプカピ・サライ 1965年撮影］

トプカピ・サライ 旧陳列室［1965年撮影］

でいるが、そこにも壁際に陳列ケースがあり、なんらかの焼物があるのでとりあえず五室に分かれた全陳列室をゆっくり歩きながら見て回ることにする。とても一点一点を見極めるというようなことなどしておれない。各部屋を奥に進むほど色彩的になり、明時代*から清時代*へと変わっていることがうなずける。特に清朝のものは日本では見かけないものばかりであると言ってもよい。その陳列点数の多いこと、私のまったく知らなかった中国磁器愛好の世界があった。しかも回教圏のイスタンブールにおいてである。ここは異文化圏の地であるとやっと気付くまでには時間がかかった。

館長ドクター・オールス

よし、では、と、第一室に戻り、元染付のものだけでも写真を撮ろうと、カメラを取り出し、がらんとした部屋の中で可能な限り接写しようと、ショーケースの前でやおら構え、シャッターを押そうとしたまさにそのとき、後に近づいた監視のおじさんがぱっとレンズの前に手を出し覆ってしまった。そのタイミングのよいこと、カメラは駄目だと人差し指を立て左右に振っている。日本もそうだが、美術館・博物館では撮影禁止であるところがある。それにしてもあの慣れた動作、やっぱりこの人はプロのウォッチ・マンだと変なことに感心した。

それではと、ノートを出してスケッチをすることにした。何点か描き、記憶の手助けになるようにと文様もさっさと描く。いつもしていることなので作業は手

明（1368–1644） 朱元璋の建てた王朝。江南に興り、元をモンゴル高原に追って中国を統一。第三代成祖永楽帝の時、南京から北京に遷都。蒙古・南海に遠征して最盛期を迎えた。

清（1616–1912） 中国最後の王朝。女真族出身のヌルハチが後金国を建て、子の太宗ホンタイジが1636年に国号を清と改めた。明の滅亡に乗じ北京に遷都。康熙・乾隆の頃が最盛期。辛亥革命で滅んだ。

染付草花虫文瓢形文瓶
[元 14世紀中期 トプカピ・サライ蔵／トルコ]

染付草花虫文瓢形文瓶 部分

早い。ところがまたおじさんがやってきてそれをも駄目だと言う。「私はこの元染付の研究のために遠い日本からやってきたのだ。しかもここはミュージアムだろう、どうしてノートを作ることも駄目なのだ。それであればトルコのトレジャー・ショウと看板を書き直せよ」

と半ば怒鳴った。なにしろ、この元染付に憧れ、大変な苦労をしてやって来て、ようやくそれを目の前にしながら、ぼんやりと見ておればよいというだけではあまりにも残念であった。

私の英語は決して流暢ではない。でも一人旅が多い海外旅行、こちらの言いたいことはブロークン・イングリッシュであれなんであれ、伝えたいことは言わねばならない。あの場所では、ああそうですかとニコニコなどしておれなかった。その気概に先方も困ってしまい、他の部屋の監視人も集まってきて、トルコ語で何か話し合っている。その中で英語の話せる一人が「プリーズ・ゴー・トゥ・ディレクター」と言った。ようしと私は彼の後について中庭に出、他の幾つかの部屋を通り抜け、海を眺め下ろす独立した建物に入った。彼がノックして中に入り、私もそれに続く。

かなりゆったりとした大部屋、その中央、窓を背にしたところにいかにも学者風の館長が座しておられる。監視のおじさんとトルコ語の会話の後、おじさんは私を残して出て行った。先ほどからの鬱憤もあり、まくしたてようと思った矢先、「日本からおいでになったのですね。中国の焼物に興味をもっておられるとか」

ゆっくりと非常にきれいな英語でしゃべり始められる。さすがジェントルマンである。私も「トプカピの中国陶磁コレクション、とくに元時代の染付は大変貴重なもので、それを目にしたいとやって来たのです。本当に感激しました」とやんわりと話すことにした。

そして、館長ドクター・オールスの机の上を見ると、なんとそこに前年私が編集・出版した『オールド・チャイニーズ・アート』*と題した、当時日本円で三万八千円、ドルで五〇〇ドルという豪華本のサーキュラー*が机上のガラス板の下にあるのが目に付いた。驚いて「これは大変懐かしいものです」と言って「これは浅野梅吉という古美術商の依頼で、彼が一生の間に扱った神戸の白鶴美術館*をはじめ大英博物館、メトロポリタン美術館、フリヤー・ギャラリー等と世界の中国美術品の優品八十四点を、私が十年かけて収録したもので、英文も入れたので、英文サーキュラーを作って海外の中国美術館関係のミュージアムに送ったのです」と説明した。館長はやや驚き「貴殿が作った本ですか。本当はここの館でも一冊ほしいのですが、五〇〇ドルはあまりにも高い。でも、黒と金を基調としたこの龍文様のデザインがあまりにも美しいので、このガラスの板の下に入れて楽しんでいるのです」とおっしゃってくださった。その後は話がスムーズに進んだ。

「では特別に、手持ち、フラッシュは使用せずということで写真を撮ることは許しましょう。今日は他の来館者もいるので明日九時に来てください。館のオープンは十時ですから、それまでの一時間と、今日はノートだけはよいですよ」との

『オールド・チャイニーズ・アート』 浅野梅吉企画・三杉隆敏編集『中国金石陶瓷図鑑：竹石山房』(中国金石陶瓷図鑑刊行会 1961)

サーキュラー 広告用ちらし

白鶴美術館 昭和9年(1934)開館。奈良・平安時代の経巻・書をはじめ南都等の古寺に伝来した名品や中国の青銅器・陶磁器鏡など、国宝・重要文化財を含む約1400点の作品を所蔵。神戸市東灘区。

許可をもらった。陳列室の監視の人に彼の許可を伝えるべく助手の女性を呼び、私を再び案内してくださることとなった。やれやれである。

ところが翌日、九時になるのを待ちかねて館長室に行くと、彼はいない。外に探しに出ると中庭でバラの花の虫をとっている。「おはようございます」と声をかけると「遅いではないか。一時間も部屋で待っていたのに」と叱責である。私は腕時計を見せて「九時ですよ」と言ったのだが「今は十時だ」とのこと。そこでやっと気がついた。私はイスタンブールにはギリシャ経由で入ったのだが、その間に一時間のローカル・タイムの差があったのである。昨日はいささか元気よく文句を言っていたのだが、その日は平謝りである。

それにしてもトプカピ・コレクションは私にとって大変ショッキングなものであり、以来長いお付き合いとなり十数回、一昨年も訪れたがなんと言ってもイスタンブールの持つ歴史の厚さ、東洋と西洋の混じり合った町。世界で一番私のお気に入りの町となった。

人々との巡り合い

回教圏との交渉は大変で、当時エジプト・カイロのフスタートの調査を進めようとしておられた小山冨士夫*先生も「厚い封筒で手紙を出すと、どこかでお金が入っていないかと中身を引っ張り出され、入っていなくとも後は捨てられてしまう。だから葉書きがいいですね。それも美しい絵葉書も壁飾りにされるので駄目

*小山冨士夫**（こやまふじお）
［1900–1975］岡山県生まれ。陶磁研究家。中国の名陶窯、定窯跡の発見で知られる。

ですよ」と教えてくださった。国際電話もつながりにくい。まして今日のようなFAXやEメール、自由な交信のない時代であった。

その後、トプカピ、アルデビル等の中近東に広がる中国磁器との長い調査の年月が始まるのであるが、返事はいらいらしながら辛抱強く待つしかなかった。そのかわり、手紙の場合は必ず館長とそのセクションのキュレーター*に同文の依頼状を二通以上出すということや、当時中近東の航空便に一番力のあったPANAMERICAN事務所に伝手（つて）を頼って依頼をする等いろいろやってみた。

パスポートも個人の旅行者には出してくれない。そこでアメリカ人の友人のお母さんにオールギャランティ、といってもその方の銀行預金額のコピーを日本外務省に示してもらい、やっと手に入れるといった時代である。もう一つ致命的な問題は、日本にも中近東にある中国磁器を調査しようという専門家がほとんどいないことであった。トプカピやイラン・バスタン*等をはじめとする中近東の博物館にも中国磁器の研究者がおらず、やっとそれぞれの国の、ペルシアやトルコの焼物の分類ができるかできないかといった状況であった。そこで正確なインフォメーションを下さったのは、アメリカのフリヤー・ギャラリーのポープ先生であり、メトロポリタン、ボストンの方々、そしてなんと言ってもロンドンの大英博物館のバーセル・グレイ氏やデビッド・ファンデーションのミス・メドレイやピーター・ワトソン先生たちであった。

後にイランのパーラビ大学のアジア・インスティテュートからのアルデビルシ

キュレーター　欧米の美術館で作品収集や展覧会企画などに従事する専門職員。日本でいう学芸員よりも専門性と権限が強い。

イラン・バスタン　イラン国立バスタン博物館。紀元前5000年の土器・宝飾品などイラン全土から収集された考古学的、歴史的美術品を展示

ュライン・コレクションの調査招待をとりつけて下さったジェイ・グラッ氏と何かと相談に乗って下さったデビッド・キッドの両氏は、二人とも神戸に住んでおられてあれこれお世話になったが、今は亡き人々である。

トプカピ・サライのオールス館長も亡くなられたし、その後、イラン・バスタンの方でもすばらしい調査はできたが、イラン革命*のために連絡が途絶えてしまった方がほとんどである。このように、日本とは社会的常識のかなり異なった中近東で、トプカピ・コレクション、テヘランのアルデビル・シュライン・コレクションそしてインドのドグラク・パラス・コレクションの元染付の約一五〇点、その他中国の明・清のものを加えると約千点を、少しずつ粘り強く十数年をかけて調査することができたのは、運が強かったとしか言えない。

イラン革命　1978年にホメイニらを指導者として勃発、翌年、独裁政権パーレビー王朝を倒した革命。その後、ホメイニを最高指導者としたイラン＝イスラム共和国が成立

第二章　海外で認知された、元の染付

中国人の染付観

歴史は新しい史料、異なった角度の解釈によって変化する。

中国の陶磁史で今まで暗黒時代と考えられていた元時代の染付への評価が、ここ七十年ばかりの間にその様相をすっかり変えてしまった。

まずはその流れを述べるとしよう。

中国という広大な地域、そしてその中で育まれた文化や芸術は、常に漢民族が中心であったと言っても過言ではないだろう。遺物を残し、文学・詩・絵画・書の主流は漢民族によって占められ、それにともなう焼物・漆・染織・象牙等の工芸も、伝統的に各世代の王朝が育てたと語られてきた。

「中華思想」と呼ばれるように、世界の文物の中心は中国の漢民族にあり、それを取り巻くのが南蛮北狄*である、西域は辺境の地であり、とりたてて語るほどの文化はほとんどないと考えられていた。

焼物の歴史も、漢民族の打ち立てた王朝、特に明朝以後は器物の裏底に、例えば「大明宣徳年製」とか「大明嘉靖年製」と時代の銘が記されていて、その年号の外を二重の圏輪でかこったものを宮廷使用品とし、それを焼いたのも景徳鎮の官窯*であり、その時々の最高品であると認めて歴代の中国陶磁史が組み立てられていた。すなわち、それが彼らの価値観の下地となっていたのである。

ところが清王朝が滅びる末期頃より、圧倒的軍事力を背景に押し寄せた西欧文

南蛮北狄　古代中国では自国の周辺諸国を「東夷・西戎・南蛮・北狄」と蔑称した

官窯　宮廷で用いる焼き物を製造した窯。北宋・南宋官窯・景徳鎮窯など。

大明宣徳年製

乾隆年製

大明宣徳年製

大明宣徳年製

化と科学文明に中国人自身が目を見張った。これは日本の江戸時代三百年の鎖国の後の社会的変化と似ている。というよりも、中国も日本も十八、十九世紀以後の西欧化へ動き出したその下地として、大航海時代*以後の欧州の東洋進出という世界的な現象の影響をもろにかぶったといえるだろう。

孫文の革命*によって中華民国が成立（一九一二年）した頃より、中国、国内における歴史に対する解釈も異なり始め、内戦*、日本の中国大陸への侵略、そして続く太平洋戦争と呼ぶ世界史の混乱と中華人民共和国の成立が、ここ一世紀、中国の古代史の価値観をも大いに揺さぶったのであった。

いっぽう、清朝末期になると、西欧の発掘をともなう考古学の分野の活躍で、歴史に対する新しい見方が、フランス、イギリス、日本のみならず各国から中国に持ち込まれ、中華思想、漢民族中心の物語的な流れが、中国自身の内部からも少しずつ変わってきた。もちろん、日本が中国大陸へ軍を進めた頃より、戦乱に次ぐ戦乱で、中国全土が戦の坩堝と化してしまった。清朝末期、王朝の乱脈はあったとしても、系統的な中国風な学問及び学究の人達の業績は残っていたが、それらもほとんど相次ぐ戦乱により崩壊してしまい、北京の故宮*にあった文物と研究者が一部台湾に移動するといった変則的な状況となってしまった。

元時代が中国陶磁史の暗黒時代であると決め付けるのには、今ひとつの理由があった。漢民族はモンゴリヤンを文化に縁の薄い野蛮な部族であると蔑視する傾向があり、それなりの元王朝の優れた社会組織、政治、芸術、工芸などをバーバ

大航海時代　15世紀～17世紀前半、ポルトガルやスペインなどのヨーロッパ諸国が航海や探検により海外進出を行なった時代

孫文の革命　1911年辛亥の年、清朝を倒した民主主義革命。孫文（1866－1925）が臨時大総統に就任して翌年中華民国が誕生したが、勢力が弱く、まもなく北洋軍閥の袁世凱が大総統に就任した。

内戦　中国国民党と中国共産党の内戦。第1次（1927－37）、第2次（1945－49）を経て中華人民共和国政府が成立。

北京の故宮　1420年、明の永楽帝によって造営。翌年焼失したが、1441年再建後500年間、明、清二大王朝の宮殿として栄えた。約800棟の木造建築からなる。紫禁城。

ビクトリア＆アルバート博物館の陳列

染付東洋風人物文皿［18世紀 イラン ビクトリア＆アルバート博物館蔵］

染付風景人物文水注［1830年頃 スタッフォードシャー ビクトリア＆アルバート博物館蔵］

大英博物館にて 著者

リアンでしかなかったとすべてを払拭したがゆえの現象である。その一例が宋・明・清各王朝の故宮に残された文物を蒋介石*が一級品から選別して台湾に運んだ台北・故宮博物院*のコレクション、特に陶磁器の中には一点の元染付も認めることができない。それは、中国の漢民族が自分達の芸術的な誇りのために、元王朝時代およびその間に作り出された焼物をまったくネグレクトしてしまうという意識が根底にあったことを示している。（現在、北京の故宮には新しい出土品その他の元染付はある）。ある意味では、元時代の染付は、中国ではなく海外で珍重され、中国がしばしば認知せざるを得なかったという美術史上稀な存在とも言える。

染付研究の系譜

イギリスで始まった染付研究

元時代染付の初期的な研究はむしろイギリスから始まった。

一九三〇年にデビッド卿とホブソン氏両名が、エジプト・カイロの郊外にあるフスタート*遺跡から出土する九世紀半ばの越州青磁その他の中国磁片に関する研究を、TOCS（トランスアクション・オリエンタル・セラミック・ソサエティ）ブレッティン紙に発表した。この記事によって、中国の焼物が非常に古い時代からおそらく海路によってはるばると運ばれてきていたという驚きとともに、さらなるイギリスの中国陶磁研究に火をつけた。

一九三五〜三六年、ロンドンのバーリントン・ハウスで「大中国美術展*」が催

蒋介石（しょうかいせき）［1887−1975］浙江省の人。日本の陸軍士官学校出身。1928年南京国民政府主席となる。西安事件で国共停戦に同意したが、日中戦争中も反共路線を強め、内戦に敗れ1949年台湾に移り中華民国総統となった。

台北・故宮博物院　国立故宮博物院。北京の故宮と南京の中央博物院にあった美術品約70万点を収蔵。展示されているものはそのうちの約2万点。世界四大博物館のひとつ。台北郊外にある。

フスタート　7世紀〜14世紀、イスラム経済社会の中心として繁栄したカイロ南郊の都市。東西交易の重要な地であった遺跡からは多量の中国陶磁器が出土した。

＊委員にはパーシバル・デビッド卿、大英博物館のR・L・ホブソン氏、ロンドンで中国陶磁コレクションをしていたユーモポプロス氏、山中商会ロンドン支店長岡田友次氏がいる。

青磁牡丹唐草文大瓶［元　龍泉窯　デビッド・コレクション］

青磁鉄斑文瓶［元　13-14世紀　龍泉窯　デビッド・コレクション］

瑠璃釉白花龍文皿［元　14世紀　景徳鎮窯　デビッド・コレクション］

青磁雲龍文大皿［元　13-14世紀　龍泉窯　デビッド・コレクション］

染付花果文輪花馬上杯［明・宣徳　景徳鎮窯　デビッド・コレクション］

され、世界に散らばる中国美術がここに集められた。清朝末期ではあるが、当時北京故宮に保存されていた宋時代の青磁その他の佳品が、政府の計らいで中国から初めて海外に持ち出され陳列された。私が興味を引かれたのは、トルコのイスタンブールにある中国磁器コレクションのうち、明初の染付八点がその陳列品に加わったことで、多くの人々にとって無知であった品々がロンドンで大衆の前に姿を現したのである。*

　特にパーシバル・デビッド卿のコレクション*はその質の高さとともに、器物の上に記された中国年号のあるものを蒐集すべく努力され、その年号を中心として中国陶磁史を組み立てる試みがなされていた。その中に私達が今「デビッド・バース」と通称している一対の染付の花瓶がある。至正十一年（一三五一）四月、年号銘のあるもので、これが元染付編年研究の鍵となった。景徳鎮の南百余キロ、信州玉山県の順成なる村の道教の寺に張文進という人が家内安全を願って一対の花瓶と香炉を寄進する云々と、百文字余の銘があるのに注目し、一九二九年、大英博のホブソン氏が論文を発表された。今はその香炉はないが、当時中国では香炉と花瓶一対というのがセットになっていた。

　そこへロンドンにおける「大中国美術展」、さらに一九三七年、イギリス人のブランクストン氏が景徳鎮へ調査に出かけ、宋・元・明にわたる時期の染付その他の生産が湖田*と名づけられた地域にあったことを『明初の景徳鎮窯器』と題する本で世に知らしめた。*

*これがイギリスにおいて中国磁器愛好が発達する下地となり、今日でもその活躍、研究が中心となる「オリエンタル・セラミック・ソサエティ」が設立された。

*そのコレクションは一括ロンドン大学に寄贈され、ゴードンスクエアの街角の建物に陳列されている。

湖田　景徳鎮の西に位置する。現在では湖田窯址陳列館で発掘された窯跡と出土した陶磁器を展示している。

*日中戦争が進み、当時三十五歳のブランクストン氏は香港で姿を消した。一説にはスパイと見なされて殺されたとも言われている。もしさらなる研究が進められていたならば、より細かな成果を発表されたことだろう。

五彩花唐草文瓢形瓶［明・嘉靖　景徳鎮窯　デビッド・コレクション］

染付龍文象耳瓶（通称デビッド・バース）［元　景徳鎮窯　デビッド・コレクション］

染付紅藍彩透彫花文壺［元　景徳鎮窯　デビッド・コレクション］

二十世紀初頭の中国磁器、特に元染付の研究は、十七、十八世紀の大航海時代以後のオランダ東インド会社*その他、イギリス、スウェーデン、デンマーク、フランス等の中国との交易による、ヨーロッパにおける「シノワズリー」*「中国趣味」「チナ・マニア」と呼ぶ社会的な中国への憧れを下地としている。それらは、私達が今明らかにしようとする中国における編年研究、すなわち欠落していた元時代の染付を掘り起こしてみようという学術的なこととは異なった分野のことである。

イギリスを中心とする中国磁器研究は、第二次世界大戦とともにその活動がほとんどできなくなってしまったといってよい。

アメリカに移った染付研究

さて、戦争が終わると元染付の研究はアメリカに移った。

一九四九年、フィラデルフィア・ファイン・アート・ミュージアムでアメリカのコレクションを主に他のものをも混ぜて「中国染付展」が開催され、一九五二年には展覧の中心人物であったジーン・ゴードン・リー氏が「明以前の染付」と題して論文を記された。

同じ年、ニューヨーク在住のワレン・コックス氏と白江信三氏が、先述のデビッド・バースの一三五一年を鍵とする元染付編年研究を、その文様を主とする観点から発表された。

太平洋戦争終了後、アメリカ人であるという点を利用してイスタンブールとテ

オランダ東インド会社　1602年、オランダが東南アジアの香料貿易を目的に設立した東インド貿易の独占会社。ジャワ島のバタビア（ジャカルタ）に政庁を置き、インドネシアの植民地化の重要機関でもあった。1799年解散。

シノワズリー　chinoiserie（フランス語）中国趣味。絵画・工芸品・服装などにおいて中国風の題材・表現を好む傾向。17世紀後半から19世紀前半にかけてヨーロッパで流行した。

染付牡丹鳳凰文梅瓶［元 14世紀中期 アルデビル廟蔵／イラン］

ヘランの精密な調査をされたのは、先述のワシントンＤ・Ｃにあるフリヤー・ギャラリーのジョン・アレキサンダー・ポープ氏であった。当時、戦争が終わったとはいえ、今の如く旅客機が毎日イスタンブールや他の中東には飛んでおらず、誠にたどり着きにくい地域であった。

一九五二年の『トプカピ・サライの十四世紀の染付のグループについて』という本はわずか二十七ページ、図版三十四ページのもので、三十八点の元染付一括があるというのは、我々にとってまったく驚くべき発表であった。

一九五六年、『アルデビル廟よりもたらされた中国磁器』は、同じくジョン・ポープ氏の著で、一七一ページにわたる論文と一四二の図版ページより構成された本で、三十六点の元染付とともにその他約八百点の、明朝の主として染付と白磁、青磁や色絵のあることが披露された。

中国を遠く離れたトルコとイランに元染付がそれぞれ四十点弱ずつあるというのは、まったく想像だにしていなかった。しかも中国本土ではほとんどその生産すら認められていない品々であった。中国染付を研究していたイギリス人にもアメリカ人にもそれはまったくの新発見とされ、まして日本など東京国立博物館の染付魚藻文の壺、大阪市立東洋陶磁美術館にある旧安宅コレクションの梅瓶、それも戦後の新たな発見であった。今でこそいずれの陶磁美術全集にも元染付の大皿、碗、梅瓶などは必ず出ているが、当時一九五〇年代の研究者にとっては、そんなにたくさん、そのような思いもかけない中東に元染付があったのかと、いさ

染付牡丹瓢形壺（下部のみ）［元　14世紀中期　アルデビル廟蔵／イラン］

染付鳥蓮池文［明　16世紀　アルデビル廟蔵／イラン］

さか興奮を覚え、忘れることのできない出来事であった。

さて、このようにしてジョン・ポープ氏の調査により、中国本土にもない染付にスポットライトが当てられ、中国の人達が顧みようともしなかった元時代の染付が、世界の中国陶磁史研究者の間でもてはやされることとなった。日本人としてそれをまず目にされたのは、当時出光美術館後援によるカイロのフスタート出土の中国磁器破片調査の途上、イスタンブールのトプカピ・サライに立ち寄られた小山冨士夫氏であった。次いで各種の美術展に非常に力を入れておられた円城寺次郎氏と笹口玲氏であった。その方々から、元時代染付の白地と藍の強い色調、中国の一流の絵付匠によると考えられる、皿、壺、鉢に筆によって描かれた雄渾な文様のこと、龍、鳳凰は中国にはしばしば現われるが、水禽や蓮、竹、芭蕉などが器面全体に、今まで我々が知っている明時代の染付とは異なった充実感をもって配されているのだと私は聞かされた。

私の染付、第一歩

その話と、ジョン・ポープ氏の二冊の本に刺激を受け、では私もその本物を自分の目で確かめようと出かけたのは、昭和三十八年（一九六三）のことであった。イスタンブールの元染付を専門家として目にするのは日本人としてやっと三人目ということであった。

一九六三年に初めてトプカピを訪れ、陳列室に足を入れて驚いたのは、先にも触れたが、幾つもの陳列ケースの中に中国磁器が押し込められ、その上部のアー

染付牡丹唐草文壺［明 16世紀 トプカピ・サライ蔵／トルコ 1965年撮影］

チ型の半円の壁にもいっぱいに、青磁や染付の丸皿が天井に達するまでに飾り付けられていたことであった。ただしそのように壁全面を皿等でおおいつくすのは回教圏の室内装飾のありかたであると後になって知った。日本では一立方米の正方形、またはその二倍の矩形のショーケースに台を置き、袱紗を敷き、その上に一点ずつ品物を置くという陳列に慣れていた私にとって、これは思いもかけぬディスプレイであった。当時の陳列で約六千点、その倍が倉庫にしまわれていたのであるが、十年ばかり後になって、その五室の陳列はやや欧米の博物館式となり、あの威圧感がなくなってしまったのは大変残念である。

その時の感激が忘れられず、三年後（一九六五年）、トルコ文部大臣の許可の下にその一点一点をケースから取り出してもらい、高い壁からも一点ずつ下ろしてもらい、元染付を主に、さらに約二百点の調査、写真撮影ができたのは幸運であった。もちろん日本人としては初めての調査である。その後一九八六年にロンドンのサザビー出版部がエヤーズ氏編集の下に調査、出版された以外、時間をかけた詳細にわたる調査は誰もしていない。

同様に一九六五年、パーラビー大学アジア・インスティテュートの招待の下、テヘランのアルデビル・シュライン・コレクション約三百点の調査をしたが、その後誰もこのコレクションの同類の調査をしていない。

元染付編年研究のさらなる一括遺物として、インドのデリー郊外、トグラク宮殿*と通称するその一部コトラ・フィルズ・シャーの建築した場所から出土した元

＊この宮殿は一三四五年に建築されたものであるが、シャーが亡くなった後、中央アジアの風雲児チムールがやってきて廃墟と化したという背景がある。

トプカピ・サライ　現在の陳列

トプカピ・サライ　現在の陳列

トプカピ・サライ　現在の陳列

トプカピ・サライ宮殿中庭にて［1965年著者］

染付破片の一括がある。このコレクションは、そのすべてが割れたり欠けたりしているが、その集められた時期と景徳鎮の元染付の生産の姿を非常に反映していると言える。

三つのコレクション

ここで少しトプカピ・コレクションとアルデビル・コレクション、さらにインド・トグラク・パラス破片の概要を説明しておくことにしよう。

トルコのトプカピ・コレクション

ヨーロッパの最東端、ボスポラス海峡をはさんで東洋に面したところ、かつてのビザンチン帝国、その後の東ローマ帝国の首都であり宗教・文化・軍事の中心であった、コンスタンチノープルと称されたこの町は、一四五三年、東から攻め寄せてきたオスマン・トルコのメフメット二世によって陥落して以来、回教文化圏の中心となった。この海峡に面した崖の上の城塞宮殿がトプカプ・サライである。トプカピとも発音するがトプは大砲、カプは門の意、サライは宮殿で、大砲門の宮殿と呼ばれている。トルコのスルタンは代々ここに中近東の王者トルコならではといった宮廷生活をしていた。

今もその一つの例として約一万二千点の中国磁器が保存されていて、その中の三十八点が元染付である。オスマン・トルコがそれほどの多量の中国磁器を蒐集したというのは、いかに中国磁器が貴重視されていたかを物語る。我々日本人、

メフメット二世［1432－1481］オスマン帝国第7代スルタン。1453年コンスタンティノープルを落としてビザンチン帝国を滅ぼし、バルカン半島を攻略。

ボスポラス海峡から見るトプカピ・サライ［トルコ］

イスタンブールのたそがれ

トプカピ・サライ博物館［イスタンブール／トルコ］

トプカピ・コレクション輸送のルート

おそらく中国の代々の人達にとっても未知のコレクションであった。ただし、イスタンブールにこのコレクションができたのは十五世紀以後のことで、それ以前の元染付は生産された十四世紀中期後すぐにこの地にもたらされたのではなく、すでに回教徒の商人によってこの地方に持ち込まれたものを、スルタンという権力によってここに吸収したものであることを忘れてはならない。

エジプトのカイロやイランの西端タブリッツに軍事遠征をした当時は、中国陶磁は宝物なので戦利品として略奪されイスタンブールに持ち帰られたとの記録もある。おそらく十世紀以後の青磁、白磁、染付、色絵の中国磁器が、スルタンの手に直接、または権力者からの貢物として持ち込まれたのであろう。したがってトプカピ・サライの文献に現われる中国磁器を表すファキュルその他の名称のものもあるが、現実にはその幾倍、いや約十倍もの点数がここにはある。我々を困らすのはトルコ式の名称がいったいどの種の焼物を指し、どの形のものであるかが正確に把握できないことであり、いつここにもたらされたかもほとんどが不明である。

その幾千点という染付の中から、デビッド・バースを手がかりとして約四十点の元染付を選び出されたジョン・ポープ氏の調査は、高く評価されるものである。

オスマン・トルコ期末期、ドレスデンのドイツ人、エルンストン・チンメルマン博士がトプカピ・コレクションの整理に手をつけ、共和国となった後、一九三〇年にドイツで世界最初のカタログ本を二冊出版されて、多くの欧米の人達がこ

染付麒麟草花文皿
［元　14世紀中期
トプカピ・サライ蔵／トルコ］

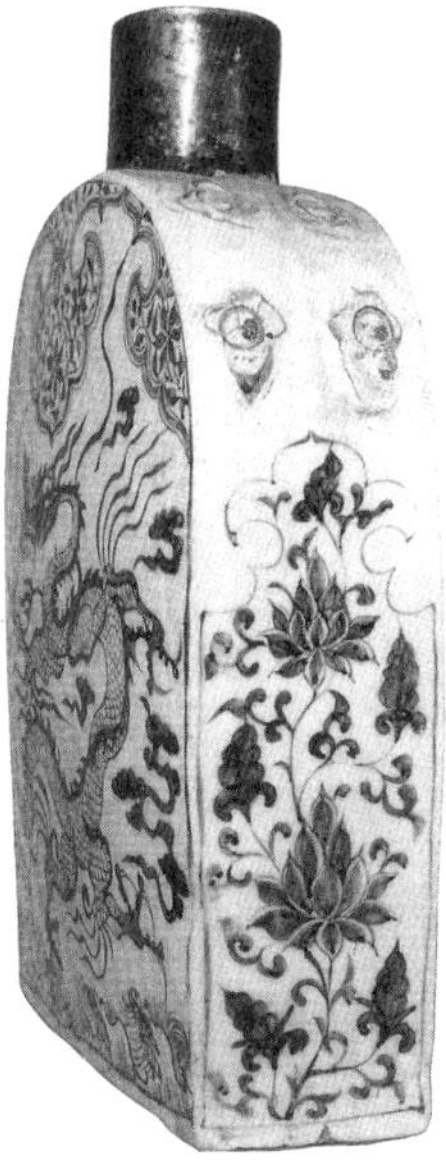

染付雲龍文扁壺
［元　14世紀中期
トプカピ・サライ蔵／トルコ］

のコレクションに驚きの目を見張ったのであるが、その中にある元染付の分類はまだ行われていなかった。

イランのアルデビル・コレクション

アルデビルの町はカスピ海の西岸、イラン北部の高原台地の上にある。先史時代よりアゼルバイジャン地方の重要な町の一つで、ここにアッバス王朝の祖シェイク・イサク・サフィーを祀る回教の廟がある。十六世紀末から十七世紀にかけペルシア地域を治め文武ともに優れたシャー・アッバスがここに中国磁器一括*を献納した。

当時、この地方では高貴な人達の間で、自分達が最も貴重だとしているものを「バクフス」*と称して回教寺院に献納することが行われていた。そこでシャー・アッバスは一六一一年、彼の手元に蒐集した中国磁器一一六二点をここアルデビルに一括バクフスとして納めた。

このアルデビル・コレクションもトプカピ・コレクションと同様、中国の元時代景徳鎮で染付が生産されると直ちにペルシアに運び込まれたものもあるだろうが、シャー・アッバスが中国に直接注文を出したのではない。むしろ当地の権力者であったがゆえに数々の中国磁器が貴重品として十六世紀を中心に十四世紀の元染付もここに集まってきたと解釈しておくべきである。

アルデビル・コレクションが最も編年研究の上で役に立ってくれるのは、一六一一年以後のものが一点も混じっていないことで、その下限がはっきりしている

一括　位置を記録しない出土品を指す。「一括資料」とは出土状況から限定された時間に限定された空間に残されたと認められるもので、編年研究の基礎資料となる。

*このコレクションに関しては1612年、シャー・アッバスの供をしてアルデビルを訪れた天文学者アラル・エディン・モハマッド・ムナヒムによる詳細な記録があり、彼らの使用した形による分類がほぼ明らかとなる。ただ、染付・白磁・青磁・色絵など品質の分類までは残念ながら明らかとはならない。

アルデビル廟内の中国磁器［フレデリック・サール　1910年撮影］

トプカピ・サライ　現在の陳列室壁面　トルコ宮廷の祝宴。中国磁器の使用がわかる。

アルデビル・コレクション輸送のルート

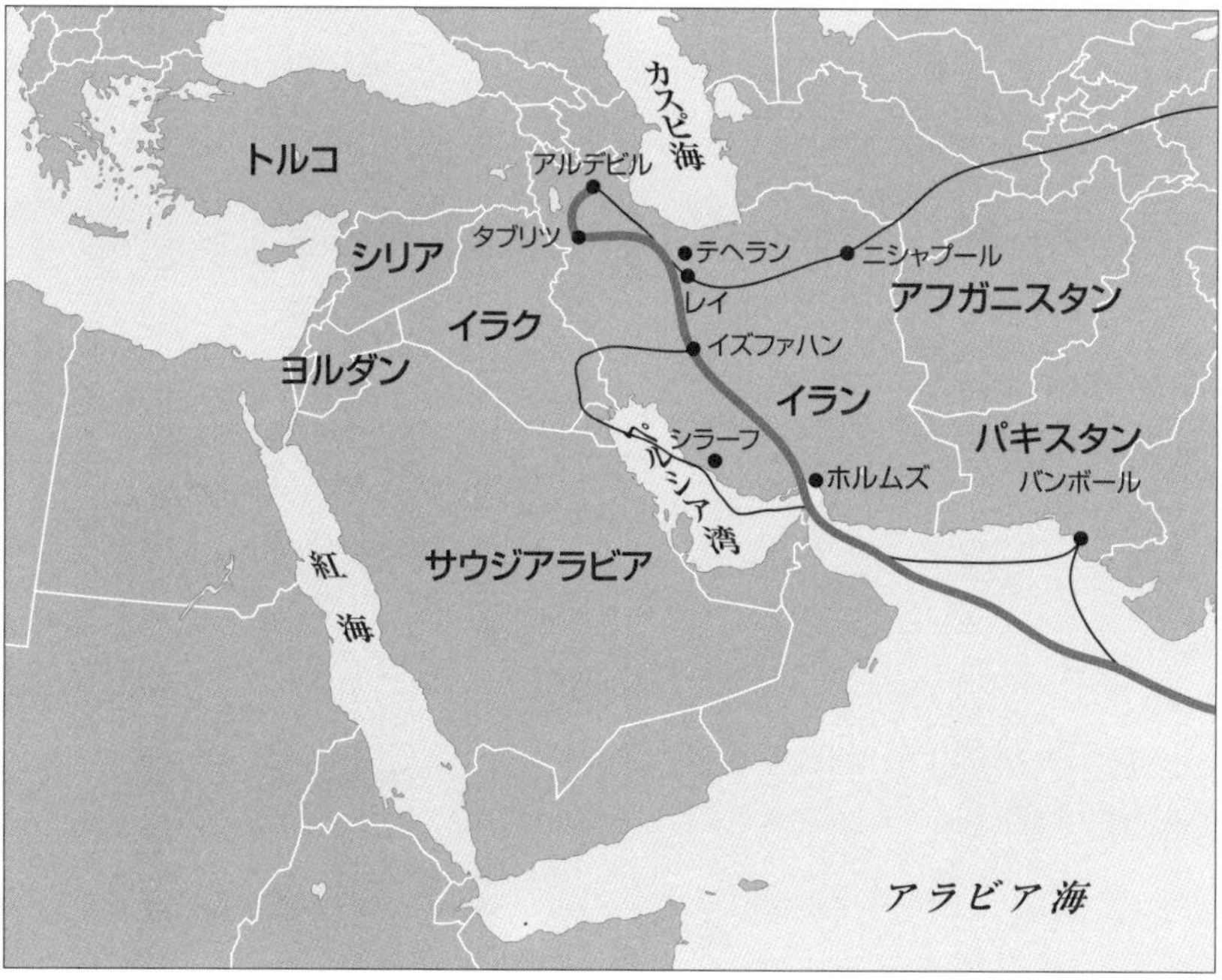

ことが大変重要な時代設定の鍵となっている。

おそらく当時中国磁器のほとんどは、ペルシアのシラーフに陸揚げされたと考えられる。もちろんその他の湾岸に届いたものや陸路のものも皆無ではないだろうが、このコレクションに関して今一つの編年の拠りどころとなるのは、一点一点に縦一センチ横二・五センチばかりの矩形の銘に「高貴で聖なる奴隷アッバスがサフィーの神殿に捧げる」とアラビア文字で彫りを入れ、朱をつめて読みやすくしていることである。「バクナーメ」と彼らは呼んでいるが、当時一一六二点のすべては一度イスファハンに集められ、一点一点にこの銘を彫らせたのである。シャー・アッバスに仕えた天文学者アラル・エディン・モハマッド・ムナヒムによる全リストが残っている。

確かにイスタンブールのトプカピ・コレクションと比べ、アルデビルの一括は我々の研究に役立つ要素をもっている。一六一一年は中国明時代の萬暦十二年。景徳鎮からの輸出品で我々が芙蓉手*と呼び、ヨーロッパではカラック・ウエヤーと称している。このグループの編年研究はそれまでほとんど顧みられていなかったが、このコレクションによってかなりのことが明らかとなった*。

現在このコレクションは主としてテヘランのイラン・バスタン考古博物館に保存されており、私が長期調査をした一九六七年に約七百点、その他イスファハン、タブリツにも陳列されていたが、アルデビルを訪れてさらに約八十点の割れたものをつぎあわせたものの調査をした。これは日本・欧米の学者は全く知らない品

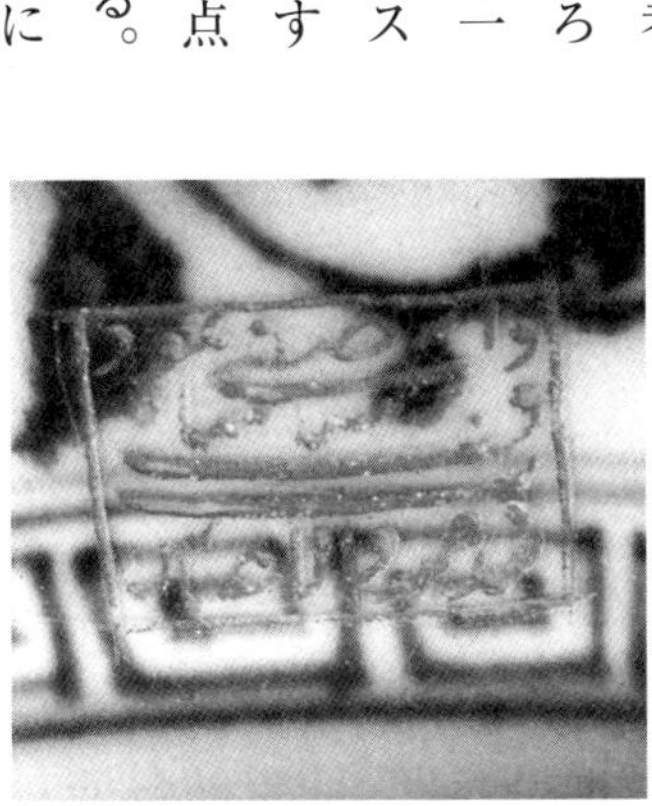

シャー・アッパスの献辞［銘寸法1.0×2.5㎜］

芙蓉手　皿の縁をいくつかに分割し、窓絵にした様式のもの。芙蓉の花が開いたように見えることからきた呼称。

＊ホブソンはこの一括が中国の萬暦帝からの贈り物であるとの説を発表したこともあるが、元染付や明初期のものが中国にたくさん残っており、萬暦時代に一括中国から貸し出しされたとは考えられない。

染付蓮池鷺白抜文皿（部分）
［元 14世紀中期 アルデビル廟蔵／イラン］

染付蓮池鷺白抜文皿

イラン・バスタン博物館［テヘラン］

染付孔雀文扁壺
［元 14世紀中期 アルデビル廟蔵／イラン］

でちょっとセンセイショナルな発見であった。それらを加えると、先述の一一六二点のうち約三百点が、一六一一年以後、割れたり盗み出されたということになる。が、約四〇〇年の間、このような大コレクションが一括ペルシアの奥地の内陸、アルデビルに保存され、今世紀まで残っていたというのは世界的にみても驚くべきことで、一括遺物として非常に価値は高い。このコレクションがカスピ海と黒海との高原台地ではなく、もっと東西交易ルートの幹線に沿った町であれば、より早く散逸していたであろう。

一九三五年、それまでに二度もロシアからアルデビルへの侵攻のあったことから、このコレクションが当時のイラン・バスタン考古博物館のバハラミー館長や政府の文化担当官によって、国境に近いこの町からより安全なテヘランに運ばれたことは、非常に適切な判断であったといえる。その後のパーラビー王朝*を倒すための革命の間も、これらは地下室に無事保存された。

インドのトグラク・パラスの破片

元染付編年研究の今一つの一括遺物として、インドのデリー郊外、トグラク宮殿と通称するその一部コトラ・フィルズ・シャーの建築した場所から元染付の破片が大量に出土した。

この一括は一九六〇年、インドの考古局、ガーデン・ブランチ*が庭造りに手をつけたところ、多数の染付の皿、鉢の出土があったことが手がかりとなった。当初、インドの考古局の人達はムガール王朝のものと判断していたが、ボストンの

パーラビー王朝 1925年に創建、中央集権国家体制が確立、1935年に国名を「イラン」と改称。1978年〜79年のイラン革命により2代50年で滅んだ。

ガーデン・ブランチ 庭園課

破片　染付孔雀文皿［元 14世紀中期 トグラク宮殿出土／インド］

破片　染付鳳凰文皿［元 14世紀中期 トグラク宮殿出土／インド］

破片　染付牡丹白抜文皿［元 14世紀中期 トグラク宮殿出土／インド］

南ロードアイランドプロビデンスのエレン・スマルト博士がこれらをＴＯＣＳに発表された[*]のに始まり、主としてイギリスの研究者の中で、おそらくトプカピ、アルデビルと同様の貴重な元染付資料であろうと考えられ始めた。

その遺物はトグラク・パラス跡にはなく、デリー南西部にあるサブダルジャン廟の考古局の倉庫にあったが、今はそこにもなく、どこの博物館にも陳列されていない。

この一括はインドのあちこちで、特に十三、十四世紀の青磁のコレクションが宮殿の室内装飾となっており、時としては百数十点もずらりと壁に並べられている。それらはほとんどが青磁で、染付はきわめて少ない。ところがトグラク・パラスでは、私が調査した約九十点の元時代の染付のうち青磁はたった五点しかなかった。これは私の推定でしかないが、十三、十四世紀の初期まで中国からの輸出品は青磁がメインであったが、あまりにも青磁ばかりでクライアントとしてのインドや、さらに西の王侯貴族により新しいスタイルのものが欲せられて染付の発生へとなったのではないだろうか。そう考えるとトグラク・パラスが建築された一三五四年の頃は中国染付生産の生な状況の反映があったのではないだろうか。蒐集された元染付はトプカピやアルデビルと比べ非常に初期的であり、おそらくただの絵付匠よりも画家の手によるものの雰囲気を強く残している。

ただしこのインドのコレクションはすべて割れており、九十点と数えた皿や鉢以外に、特に割れた鉢や破片が多く、その九十点もインド考古局の人達によって

＊一九七六年、オリエンタル・セラミック・ソサエティのブレッティン紙に「デリーにおけるトグラク・パラス出土の十四世紀の中国磁器」と題したアーティクルを発表した。

破片　染付蓮池文鉢［元 14世紀中期 トグラク宮殿出土／インド］

破片　染付蓮池文鉢［元 14世紀中期 トグラク宮殿出土／インド］

修復されやや形をなした品々である。文献的史料はないが、十四世紀中期に景徳鎮で焼かれた元染付がペルシアまたはアラビア系の商人の手によって、インド東部ベンガル湾の北の奥ガンジス川の河口のいずれかの港にまず至り、その後は船荷としてガンジス川をデリーに運ばれたと解釈できる。ガンジス川の遡行は河口よりデリーまで一五〇〇キロ、日本の本州の一一〇〇キロよりも長い距離である。これら大陸の川は幅も広くほとんど海路と同じ、いやむしろ海よりも安全な水上交易ルートであったと言ってもよいだろう。

いずれにせよデリーの中国元染付は、編年研究の上で他とは異なった重要なものであると考えられる。もちろん当時はもっと多くの染付があったに違いないが、割れていないものはチムール*が戦利品として持って行ったことであろう。それと今ひとつ、一三九八年のチムールの侵攻あるいは一三八八年にコトラ・フィルズ・シャーが亡くなったことで、新たな購入はなくなったとも考えられる。いずれにせよ十四世紀末年がこのコレクションの下限とみなすことができる。

以上、イスタンブールのトプカピ・コレクションの元染付は三十八点、その背景はいささか不明であるが、一万二千点という大コレクションの一部である。イランのアルデビル・シュライン・コレクションは一六一一年という下限のはっきりしたもので、しかもその時の千二百点のリストがあり、それがこの現代まで約三百点は割れたり盗まれてはいるが、およそ四分の三が保存されているのは

チムール ［1336―1405］
サマルカンドを都としてチムール朝を開き、地中海からガンジス川にわたる広大なチムール帝国（1370―1500）を築いた。明遠征の途中で病没。

染付蓮池水禽文鉢［元　14世紀中期　トグラク宮殿出土／インド］

染付波頭草花白抜文鉢［元　14世紀中期　トグラク宮殿出土／インド］

稀有なことである。

そしてトグラク・パラスの約九十点の元染付破片の出土は元染付研究の三つの柱となった。

なおそれらの調査の撮影は全体像、部分、底裏の約七千カットとなり、全フィルムは、現在瀬戸市立染付研修所*に保存されている。当時の写真撮影、持ち出し禁止の未現像フィルムの国境越え、その現像等々のトラブルは記し出すときりがない。日本語版、英文（香港大学出版局三冊本）の国際版、合計十数冊となる出版も、その時々大変であった。三つのコレクションはそれぞれ個性がある。

その後、中国本土、蒙古周辺のカラ・ホト*遺跡その他、またフィリピンやインドネシアからも次々と元染付が出土したり、世界的に伝世品が現われて、ここ三十年、当初の如き元染付ブームは去ったというが、今もって白地の上に藍色で運筆の鮮やかな絵や文様がほどこされたものの、審美的な位の高さは変わらない。

瀬戸市立染付研修所 →p.164

カラ・ホト　タングート族の造った国・西夏の都城。黒水城。

第三章　青磁から染付へ

はじめに青磁ありき

日本人にとっては海外の調査をするのは不自由であったし、中国の研究者も中国の外に運ばれていった青磁や染付に対する関心は非常に低かった。ところが一九四〇年頃から完器のみならず破片も合わせ、当時の船旅による調査を重ね、まずは南宋青磁から元時代の青磁が非常に多く、フィリピン、インドネシア、インド、中近東と、大量に輸出していたことが明らかとなり、染付輸出の前に青磁があったことがわかった。

中国の陶磁がいつから海路を運ばれたかについては確かな文献がない。そこで、考古遺跡や旧港湾跡での完器や破片の発掘・採集が、その歴史をたどるにあたり非常に役立つようになった。漢時代の緑釉の俑や壺、同じく唐三彩の壺などがインドネシア等でも出土し、日本でも唐三彩の盒や腕枕の破片が、奈良をはじめとする寺院で発掘されている。ただそれらは珍品としての交易対象であり、当時は決して大量な貿易品ではなかった。

それが宋時代から元時代になると急にその量が多くなり、特に青磁、続いて白磁が増してくる。ただ元時代の染付は、日本では福井県朝倉屋敷跡*、和歌山県根来寺*その他で少しずつ発掘はあるものの、先述のイスタンブールやイランのアルデビル、インドのトグラク・パラスの如き一括数十点という遺物の保存はなかったことから、日本は基本的に元染付の輸出対象としてはその外にあったようであ

朝倉屋敷跡　一乗谷朝倉氏遺跡は、戦国大名・朝倉氏が1573年に織田信長に敗れるまで5代103年間にわたって越前の国を支配した城下町跡。朝倉屋敷跡には主殿のほか、二十数棟の建物跡が確認され、多数の発掘品が出土している。

根来寺　新義真言宗の総本山。室町時代の最盛期には坊舎2700余、寺領72万石、僧兵1万余を擁する一大軍事集団として勢力を誇った。和歌山県那賀郡岩出町。

青磁下蕪形瓶［南宋　12−13世紀　官窯　デビッド・コレクション］

白磁碗［明　15世紀　アルデビル廟蔵／イラン］

青磁輪花文鉢［元　14世紀　アルデビル廟蔵／イラン］

る。元時代の染付輸出先の地域としては、むしろフィリピン、インドネシア、さらに西方に向かって重く見られていたことは、遺物によって判断できる。

ただ、ここで元染付が海を渡る一段階前の状況として、中国からかなりの量の龍泉窯系青磁が輸出されていたことにふれておかねば、後に続く染付の急速な発展を把握することができない。

宋を支えた青磁

宋時代は九六〇年に開封（汴京）に首都を置いていたが、北方の遼、西夏におされて一一二七年、南の杭州に首都を移した。以後、内陸型の王朝が海洋型の王朝となり、一二七九年、元に滅ぼされるまで造船・航海術が発達するとともに、浙江省の龍泉で青磁が大量に生産されておおいに海外に輸出した。中国国内での勢力は南宋時代の一五〇年間決して隆盛であったとはいえないが、それを支えたのは絹や青磁の輸出であったと考えられる。朝廷がそれにどのように携わっていたかは不明であるが、南宋の寧宗嘉定十二年（一二一九）の布令に

「金銀をもって乳香（香料）を商いし遠い夷にわたすのは惜しむべきことだ。有司に命じて絹帛や錦綺、瓷器、漆器などでもって交易をするように」

とあったことがよく知られている。

浙江省には龍泉窯のみならず、より沿海地域の同安窯などがあるが、おそらく浙江省の温州、福建省の泉州等がその積出港であったろうと推定される。

宋以前の中国陶磁の輸出はそれほどの量ではなかったが、南宋以後その量が急

宋代の街並みを再現した宋都御街［開封］

激に増えたことは遺物がよく物語っている。北から南に都を移し衰退しつつある宋王朝をさらに一五〇年という長期にわたって継続させる下地であったと考えると、青磁が果たした経済効果はかなりのものであり、遺物や破片で判断しうるおそらく何倍もの量が輸出されたであろう。

元の青磁

南宋王朝は一二七九年に滅びた。では元王朝は青磁の生産を止めたかというと決してそうではなく、引き続き青磁を焼き輸出をも続けた。ただ青磁の上にほどこされた片切文にある蓮の花文や浮彫文は少しにぎやかとなり、青磁の発色も今までの青味を帯びた色調から少し緑色系になったが、南宋青磁と元朝初期の青磁の区分はほとんど不可能である。

元王朝は社会組織及び文化に関し、南宋の良い点を引き継ぎ、陸路・海路ともに空前絶後の広範囲に及ぶ安定期をもたらした。もちろん、宋から元朝に変わった直後は、宋時代の名窯はその生産が止まった所、生産の質が低下した所が多い。景徳鎮においても元朝初期のものは粗悪になった。ところが浙江省のように海に面した地域ではそれほど落ち込みはしなかった。龍泉窯はその磁土や薪となる条件をも含め少し内陸ではあるが、温州に河口をもつ麗水や小渓の河に沿った場所、青磁生産地と港は一本の川でつながっていた。しかも我々は龍泉窯青磁と呼んでいるが、元から明にかけて浙江省の松は窯の薪としてほとんど切り倒してしまい、福建省の閩江の上流、東溪江に沿った松溪へと窯は移動してゆき、後期の青磁の

生産は省境を越した南へと広がった。

同じ龍泉青磁とはいえ、宋時代は温州が積み出し港であり、元・明時代になると、福建省の閩江の上流に青磁を焼いた窯が移ったので福州がその積み出し港となった。また、天竜寺青磁*は、この福州が積出港となったことは確かであるが、ただこの温州と福州のさらに南沿岸に泉州と呼ぶ、元時代に非常に栄えた港があり、宋時代末期には後にふれるアラビア系の商人らが活躍していた。元時代の安定期にはいると南海貿易は再び隆盛となった。

元王朝は基本的に政治、文化ともになるだけ宋王朝の漢民族系のものを踏襲しようとしたことは確かである。それとともに元王朝の時代は国家全体として、西域や南海方面からの知識や制度を非常に幅広く受け入れるだけの度量があった。

染付の誕生

いったい中国の染付はいつから焼き始めたのか、いつから大量生産されるようになったのか。藍色の酸化コバルトがどこからもたらされたのか、多くの議論がありながら、これこそ間違いないという答は未だに出ていない。もちろん多くの研究者が次々と論じているが、文献の上では、これぞといったものがない。

いっぽう、一九三〇年代のジョン・アレキサンダー・ポープ氏のイスタンブールのトプカピ・サライやイランのアルデビル・シュラインの調査によって、そしてエレン・スマルト女史と私のインド・トグラク宮殿跡の出土品によって、これ

天竜寺青磁 →p.168

青磁双鳳文皿［五代–北宋　10世紀　越州窯　デビッド・コレクション］

白磁水禽文鉢［北宋　11–12 世紀　定窯　デビッド・コレクション］

こそ元染付と呼んでもよいと言えるものはかなり明白になってきた。ただ、それがいかにして普及していったか、そのきっかけの時期に関して、私など非常に興味を覚える。

唐三彩*の藍釉が美しくかかった俑（人形）や馬などの、その藍は中央アジアを越してペルシアのものが中国にもたらされたという。また、唐時代仏教寺院の下から酸化コバルトを使用したものが出土した。五代から宋にかけておそらく腕枕の一部であろういささかアラベスク文様*風の藍色の美しい破片が、揚州唐城跡から出土した。あまり藍色のさえない碗であるが、これが宋染付であるというものを近年中国で見せられた。

初期の染付

染付に関しては、太平洋戦争以前にはまったく見かけなかった小壺*が次々と現われた。その出土地はフィリピンが多く、インドネシアにも類品があるが、それまでは中国、日本、さらに西の方、インド、中近東地域ではまったく見かけなかったものである。ただし、青磁の丸い形の壺で類形のものがある。それら青磁と染付は、おそらく一三〇〇年前後の生産品であると推定できる。染付の底の色調は景徳鎮の磁土の如く見えるが、もしかすると浙江省、福建省の沿岸地域のものが混じっているとも考えられる。そして造形、文様ともに非常に類似していることは、陶工が青磁の窯でも染付の窯でも同系の人達が行き来したことに考えを及ぼすべきである。昔から中国の工芸に携わる工人は分業主義の下で働いた人達で

唐三彩　唐代に長安、洛陽付近で焼かれた軟質陶器。緑・白・黄・茶・赤などのうちの3色の彩色が多いのでいう。壊れやすく、多く副葬品とされた。

アラベスク文様 →p.130

＊四センチ角、その上部の両肩にかわいい龍や円筒形の筒を五ミリくらいに輪切りにして飾り付け、その横のほとんど正方角の面に菊や花唐草、非常に珍しいものとして人物の描かれたもの、またほとんど同寸の丸い小壺

あり、かなりの頻度で次々と窯場を移動し、分業制の中でその工人が手につけた技法を伝えた。龍泉、景徳鎮は徒歩で約十日間の近さである。

問題となるのは、韓国・新安沖の引揚げ品*の中には染付が一点もなく、インドネシアのトバンの引揚げ品*の中には三十四個、直径十八センチのその他の染付の碗が見つかっている。その内底にはまだあまり洗練されていない花唐草風の染付や竹文様、雲文様などがほどこされている。

新安の船では京都の東福寺*の名が記された木製の荷札がみつかり、日本を主目的交易先と考えられ、そして日本では染付の愛好がなかったので、船荷として載せなかった。染付はフィリピンから東南アジアそして中近東がその輸出先なので、当然船には載せなかったのだと、当時議論された。いっぽうインドネシアのトバンは確かに青磁、白磁は新安と同期、または幅をとって考えても三十年ばかりのプラス・マイナス期ではなかろうか。すると一三二三年の新安の沈没船の年代を鍵とし、唐、宋の試作品的なものは別として、景徳鎮で染付の量産のスタートはこの時期だったのではなかろうか。

この手の直径十八センチ、高さ九センチばかり碗の白磁胎は景徳鎮の磁土である。コバルト色は決して明るい藍ではないが、運筆もよく、元染付の生産によるものと判断できる。類品はフィリピン、タイ、インドネシア、それとインドのトグラク・パラスと、少しずつであるがあちこちで目にした。青磁のモノクロームに飽きた人達に対して、いよいよ新商品としてのスタートが始まった。おそらく

新安沖の引揚品 →p.98
トバンの引揚品 →p.100

東福寺 臨済宗東福寺派の総本山。1236年、摂政九条道家の発願より着工。奈良の東大寺と興福寺から一文字ずつ取って寺名にしたといわれる。紅葉の名所として知られる。

一三二三年から遠からぬ時期に染付量産が始まったのであろう。

南宋王朝は一一二七年に成立し、一二七九年、元王朝に滅ぼされる。この間一五二年、次の元時代に入って約四十年、合計すると約二百年にわたって、龍泉窯、正確には浙江、福建の両省にまたがる地域で、青磁は焼きつづけられたが、ようやくここに至って二百年の生産及び輸出が減少してきたのであった。そして染付の生産輸出と入れ替わったと見てよいだろう。

それらの小品は幅四センチから五センチ前後、高さもほとんど同じ物が多い。盒などで蓋のあるものは化粧道具で白粉や紅入れ、少し大きいものはキンマ*の葉を入れた。生活用品としての実用性はちょっと見当がつかないものもある。フィリピンの墓地からの出土が多く、他にインドネシア等も同じで、おそらく宗教的な儀式とつながっていたのではないかと推定できる。海洋民族としてのアラビア系の回教徒がその注文者である可能性が高い。近年、英語ではエキスポート・ウエヤーまたエキスポート・タイプと呼び、日本では貿易品と呼ぶことが定着している。また、中国では「出口窯*」という言葉を古くより使用している。

伝統的な青磁や白磁、染付で見慣れていた形、姿とは異なった用途不明なものが次々と現われたのもここ四十年ばかりのことである。

フィリピンのマニラ郊外にサント・アナ教会というカトリック系の教会があるのだが、そこの墓所をドクター・フォックスが考古発掘したところ、思いもかけず一三〇〇年期、貿易品タイプの青磁、白磁、そして染付の小品、また中皿くら

キンマ　コショウ科のつる性半低木。チューインガムのように口の中で石灰と共にかんで楽しむ。

出口　入口の対照のように聞こえるが、かれらは「輸出」という言葉よりも「出口」と記すことが多い。

モンゴル
内蒙古自治区
瀋陽
遼寧省
北京
天津
渤海
黄海
定窯
河北省
太原
寧夏回族自治区
黄河
邢州窯
山西省
磁州窯
山東省
大谷窯
肇県窯
修武窯
耀州窯
鄭州
甘粛省
洛陽
鈞窯
西安
臨汝窯
汝窯
陝西省
江蘇省
安徽省
河南省
揚州
合肥
南京
宜興窯
上海
揚子江
徳清窯
余杭窯
湖北省
武漢
南宋官窯
四川省
杭州
寧波
越州窯
景徳鎮窯
浙江省
洞庭湖
麗水窯
南昌
楽平窯
長沙窯
龍泉窯
江西省
東シナ海
長沙
松溪窯
湖南省
吉州窯
建窯
貴州省
福建省
福州
徳化窯
漳州窯
泉州窯
石碼窯
厦門
同安窯
広東省
潮州窯
広西壮族自治区
仏山石湾窯
香港
省都・特別市・主要都市
窯名

中国の主な窯址地図

いの大きさの染付の皿が出土した。*

これらは研究者にとって新しい分野の広がりであった。元時代も無視し、中国後世の、特に明朝、清朝の学者はこのような貿易品をもネグレクトしていた。

景徳鎮を訪ねて

枢府窯と呼ぶ宋時代の白磁によく似た元時代の白磁は、中国人自身が良質の焼物と認めている。碗の外側の直線から底裏に向かって折り曲がるが如き器形をしているので「折腰碗」と呼んでいるが、白磁のみではなく、染付や、非常に少ないが色絵のほどこされたものも焼かれている。

まず白磁の窯があり、その同系の白の中に酸化コバルトで絵付けをしたものを混入する。これはテスト焼の段階であって、窯の中で中央の位置がよいのか、いやまた窯の端がよいのか、その発色も材料の良し悪し、酸化コバルトの粉末を水に混ぜ筆にふくませて文様をほどこすのであるが、顔料、その水分、胎土の染み込み具合などいろいろテストしたが、基本的には白磁の窯の中で幾点かずつ絵付けをしたものを混ぜてテストをしていたことが明らかとなった。考えれば当然であるが、それが景徳鎮の湖田と呼ぶ地域で試されていた。その後、そこよりあまり遠くない劉家塢第三窯跡、木魚嶺、紅光瓷廠などでも、元染付の破片が採集できることも少しずつ明らかになってきた。

ただ、景徳鎮を訪れさえすれば、そして元染付の窯跡に目的を絞れば、調査にそれほど時間と日数はかからないと思っていたが、中国政府の方針としては、破

＊1967年3月、フィリピンで、マダム・ロクシン、人類学者ドクター・フォックス、ビクトリア・アンド・アルバート博物館のエヤーズ博士、日本の小山冨士夫先生、三上次男先生等の協力によって、これらフィリピン一帯の新発見の中国磁器のセミナーが開かれ、そのときの論文集は一つのハードペーパーのボックスにはいっている。
第一冊「白磁と青磁」（アデイス記）
第二冊「枢府窯タイプ」（アデイス記）
第三冊「初期染付」（アデイス記）
第四冊「釉裏紅」（アデイス記）
第五冊「中期期染付」（アデイス記）
第六冊「徳化白磁」（ロクシン記）
第七冊「吉州彩文」（ロクシン記）

片一つさえ採集させないというのが外来者に対する姿勢で、最初に景徳鎮を訪れた一九八三年はその厳しさにいささか驚かされた。

地形は鄱陽湖に流れ込む昌江のほとりにあり、さほど大きくない岡があちこちにあり、凹凸が多い。その傾斜が彼の地で龍窯と呼ぶ少しの傾斜を利用し、焚き口から最後の火を吐き出す煙突まで、スムーズに伝導していくようになっている。これは、瀬戸などをはじめ世界の窯業センターは類似の地形をしているが、それぞれ風土にあった選択がなされた結果である。材料となる陶土や磁土、また薪や完成した重い焼物を運ぶための運輸に適した、あまり大きくない川に沿っており、山岳の麓ではないといった共通点がある。

昨年（二〇〇二）、幾度目かの景徳鎮訪問のおり、昔より煙突の煙が少なくなり、町に漂う石炭の香りが薄くなっているのに気がつき、現地の方に聞いたところ、煙による空気の汚染を気遣い、薪や石炭を燃料にすることが規制されつつあるとのことであった。

一七〇一年にここを訪れ七年間のあいだ、驚かんばかりの報告書を書いたフランス人宣教師ダントル・コール*の記録にある「夜ともなれば窯の火が天を焦がし町が一つの炉のようだ」との表現とはすでに遠くなっている。もちろん昔は龍窯（登窯系）を使用し、松割木を薪としていたが、今は「〇〇瓷廠」と名づけられた工場に行くと、すっかり近代化されたトンネル窯となり、製品は匣（さや）のない効率のよい形式になってしまう。これを近代化と呼ぶのだろうが、焼物の世

フランソワ・ザビエ・ダントルコール　イエズス会宣教師。景徳鎮滞在中、窯業を観察し本国に送った。『中国陶瓷見聞録』（平凡社東洋文庫）参照。

景徳鎮点描

煙突が林立する［1991年1月撮影］

龍窯の修復　窯の壁を崩し造り直す

磁石　このような石を粉砕し磁器の材料とする

レンガ窯

工房［景徳鎮］

磁石を粉砕する水車小屋の見学 小屋の内側に8個の石臼が並び杵が磁石粉（白色）を精製していた

焼きあがった製品を運ぶ［2003年3月撮影］

『景徳鎮陶録』より

藍浦原著、鄭廷桂捕集。全十巻。景徳鎮窯の歴史的沿革、陶磁器製作工程、組織、陶磁器の分類をはじめ、古窯について詳しく述べている。嘉慶二〇年（一八一五）初刻。中国陶磁史研究上の貴重な資料。

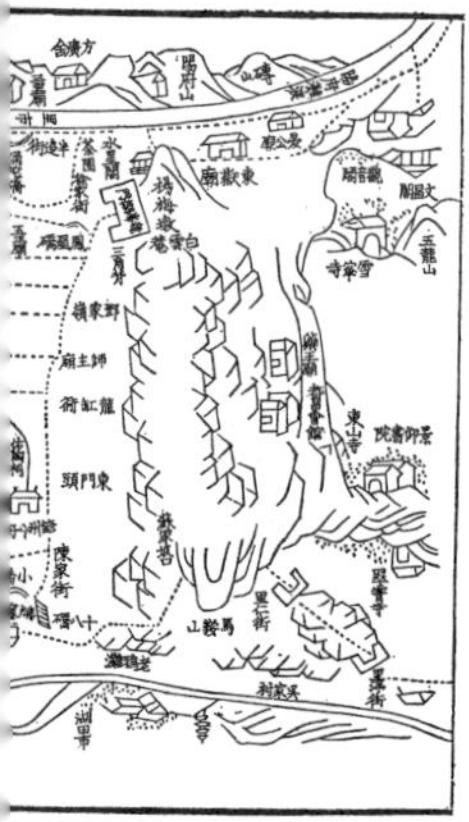

染付製瓷図皿［景徳鎮陶磁館蔵］

画坯（下絵付け）

景徳鎮

満窯（窯詰め）

取土（陶石の採掘）

彩器（上絵付け）

做坯（水挽き）

界のみならず、他の工業も機械化という名の下に生産様式がどんどん変化し伝統が薄れていくのは寂しい気がする。

景徳鎮も古い歴史をもちながら、今は「古陶瓷器廠」との呼び名の下に、いささか民芸村の如き一区画で薪割の燃料を使い、古式の伝統を守っていた。

酸化コバルトとの合体

さて、元時代の染付がどのようにして発達してきたかにふれるとしよう。

中国にはもともと良質の酸化コバルトはなかった。浙江省の沿海地域には日本で呉須と呼ぶ染付の藍色を発色する顔料はあったようだが、ほとんど採集してしまったようだし、その発色も黒ずんでおり一級品とはいえない。福建省漳州の近くに石碼という窯があって、そこでは十六世紀中期頃より、かなりの数量の貿易品のワンランク低い染付の大皿や日常品が焼かれていた。それらを主としてオランダがインドネシアやヨーロッパに運んだので、中国内陸よりもこの近辺で焼いたものが多く、*近年の調査によると漳州のみならず、厦門（アモイ）や汕頭（スワトウ）の近郊一帯に、窯が散在していることが明らかとなってきた。

日本では呉州焼、呉州手、時としては呉須とも記されているが、日本人は景徳鎮の冷たい感じのする染付などより、むしろ染付の色調もやや濁ったもの、高台裏にも砂のついた匣との間に敷いたやや雑な雰囲気を楽しみ、雅味を喜ぶことから、結構呉州系の皿や碗があり、当時日本が貿易の対象となったことがわかる。

＊ヨーロッパではこの手の染付や色絵のものをスワトウ・ウエヤーと呼んでいるが、おそらくその積出港の名称がつけられたのだろう。

その生産品の八〇パーセントばかりが染付であることから、いつ頃からか日本ではコバルトのことを呉須と通称するようになった。したがって陶芸家達が「この呉須は良いですね」と言っている場合は染付の藍色の色調を指しており、コレクター、特にお茶人が「この呉須手の皿は良い味をしていますね」と言った場合は漳州近辺の生産品のことを言っている。

本書ではそのような混乱をも含めて、できるだけ酸化コバルトと記すこととしている。

酸化コバルトの原産地

では中国ではいったいどう呼んでいるのかとなると、最も普及し文献にも出てくるのが「回青（ホイチン）」である。時としては回回青ともあるが、これは回教の青という意味で、良質の酸化コバルトが、回教圏すなわちペルシアのものを当時最良として輸入していたことを示している。*

宋時代の政和六年（一一一六）の『経史類本草』には「無名異」という名称でコバルトのことが現われてくるが、それは大食国すなわちペルシア産であり、中国国内の広州と宣州でも無名異が採集できるとある。ただし元時代の天暦三年（一三三〇）の『飲善正要』という漢方薬の本には「回青」という言葉が現われ、ペルシアからの輸入品であることが認識されているが、その用途は、染付の材料ではなく解毒剤とある。酸化コバルトについて解毒作用があることは他には記されておらず、むしろ精製するときに砒素を出すので森の悪魔的聖霊などと呼ばれ

＊中国の名称には当時の交易の背景を示す場合が多く、「蘇麻離青」「蘇泥勃青」の名称が出てくる。当時ペルシアやインド洋を航海した船が海上東西交易の中心港として重要な位置にあったスマトラ島パレンバンに寄港したことから、スマトラの第一字「蘇」がそれぞれについたものと考えられる。欧州でのスマルトの呼称とは時代的に異なると思う。

ている。

当時の交易として中国から南下してパレンバンまではわかっていても、さらなる西、それがインドであるのか、スリランカ（セイロン）であるのか、またペルシア、アラブ等、もしかすると紅海にその商品の原産地があったのか、正確には把握できていなかった。

ではその回青なるものがペルシアのどこであるのか。当初ベルジスタン地区と言われ、後にアフガニスタンのラジプタナであるとも言ったが、カシャーンの東のケムサールが、ペルシアの酸化コバルトの採取地である。

十四世紀に中国で爆発的な染付生産の下地となった酸化コバルトは、ここケムサールが採掘地の中心であったことは、ほぼ認めてよいだろう。ただこの地点が当時の廃鉱跡であるということは未だ確認できていない。

焼物を扱う日本の陶工の間では、十九世紀に入ってドイツ人の人工的に精製したコバルトの使用が多くなってからは、藍の色調の派手なものを「ベルリン藍」と呼び、それがなまって明治時代の染付の明るいものを「ベロアイ」と通称している。「唐呉須」と日本で呼ばれたものについても、中国産か中国経由の西方のものであるかは明らかでない。また「瀬戸呉須」と呼ぶ、色調はあまりよくないが、日本でも天然呉須の採集があったことをも付記しておく。

第四章　中国陶磁と中近東

沈没船が語るもの

新安沖遺物—一万点の青磁

青磁が宋末から元末にかけいかに多く輸出されたかについて、一九七五年に発見された新安沖遺物にふれねばならない。

海底の沈没船*がみつかるそのほとんどのきっかけは、漁労の最中に網に焼物が引っかかることである。韓国では、一九七六年十月二十六日から十一月二日にかけて第一回調査が始まった。一九八四年までの十年間の間に、青磁が一二、三五九点、白磁が五、三〇三点、黒褐が五〇六点、その他雑釉の陶磁器、香料、紫檀木、金属品、漆器等と、一括遺物約四万点が多くの人達の前に現われた。

特に青磁の一万数千点がこの船から引き揚げられ、しかも精密な調査の結果として「至治参年四月二十三日」（一三二三）と墨書きのある木製荷符が見つかり、青磁の編年に関してそれまで不確かであったが、一段と研究が進んだ。

これまで、宋末・元初の龍泉窯の生産が正確には把握できなかった。一二七九年に宋が滅び元が成立された時点から後、正確な生産の時代や文様の流行をたどる資料に関し四十年のブランクがあった。それゆえこの船から出てきた品々は、編年研究においておおいに役立つものであった。とくにこの船からは一点の染付も発見することができなかったという、染付発生に関する重要な問題をも含んでいる。

＊世界的に一種のトレジャー・ハンティングとして沈没船を探し、載荷であった金・銀・宝石その他を盗掘しようとした歴史は非常に古い。ここ30年ばかりのあいだにも次々と沈没船が発見されたが、水中考古学は新しい研究分野で、より正確な調査をするためには、水中であるという悪条件のために莫大な資金を必要とし、次々と調査が進むという状況ではない。

新安遺物　一九七八年韓国ソウル中央博物館における最初の展覧

鉄絵と天目茶碗

白磁の水注と梅瓶［景徳鎮窯］

青磁蓋付シノギ文壺［龍泉窯］

新安沖遺物引揚げ作業

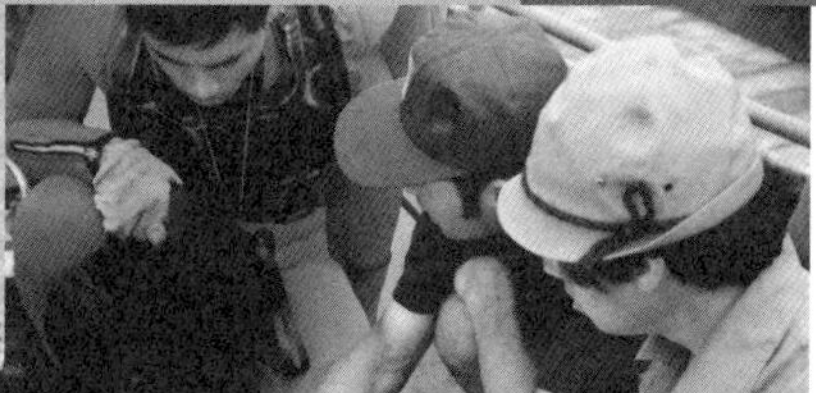

新安沖引揚遺物の調査

いずれにせよ、中国から日本に向けての一隻の船に約一万点の青磁が載荷としてあったことを考えると、中国からのフィリピンやインドネシア、さらにインド、中近東への南海貿易船の活躍を重ねると、大変な数の交易船の出入りがあったことがうかがえる。

トバンの沈没船

沈没船は、インドネシア・ジャワ島のトバン*でもみつかった。その引揚げ品の数は、中国磁器は、青磁が約千点、白磁が千点、染付が千点、その他安南*の焼物などを含めると六、八〇〇点に及ぶ。これはまったく私的な盗掘であるが、一九八一年から数度にわたり、ジャカルタから商人が出向いて引揚げを行っていた。ここでは船の残った木部などはみつかっていないが、積まれていた中国製の焼物、特に青磁大皿、碗、香炉などが、韓国の新安沖の海中からの発掘品とよく似ている。

この船にはベトナムの焼物もたくさん積まれていたようで、泉州や他の浙江省、福建省の国際交易港を離れた後、直路インドネシアに航海したのではなく、ベトナムのハノイの外港ハイホンに寄り、ダンホイ、日本人村があったフエ、その南ダナン、ホーチミン（昔のサイゴン）、もしかするとタイのバンコク等にも寄港しつつ、マレー半島に沿って南下し、スマトラ島のパレンバンに、そしてトバンに来た可能性もある。

ジャワ島の西部北海岸、トバンの東にはスラバヤがあり海岸線からほど遠くないところに元染付の破片が多量に出土するトロウランの王宮跡がある。

＊福建、広東系の中国の人達が住み、貿易の起点としていた。その町の名も「杜板」「賭斑」とも記していた。蒙古軍は1292年海事遠征の時、トバンに軍隊の一部を上陸させている。

安南　インドシナ半島の東岸地方。この地に建てられたベトナム人の国家をも指す。

皿や壺　トバン引揚げ

破片　染付唐草文玉壺春瓶　トバン引揚げ

トバンの海［インドネシア］

トバンの積荷から「マルタバンの壺」*と通称する褐釉、天目系の釉薬をほどこした肩に耳をもつ四耳壺等が約千点と、青磁とほとんど同じ数が見つかった。したがってベトナム地域の焼物でなくとも、このようにマルタバンの壺がこの船にたくさん積まれていたことは、先に記した南海の沿岸にあちこち寄港しながら、基本的には中国の陶磁器の運搬船であったとしても、他の多くの種類の品々をも交易する船であったのではなかろうか。

宋、元、明時代の沈没船は、韓国とインドネシアの二船のみではなく、香港とマカオの中間、香港の九龍沿岸、泉州、杭州、寧波、そして日本の紀淡海峡などでも発見があった。最も新しいものとしてはブルネイの一九九〇年の発見があるが、そのほとんどが中国製のジャンクである。トバンや日本の紀淡海峡の如く、確かに積荷としての青磁その他は見つかるが、新安、泉州、九龍の如く船それ自身の木製本体が見つからないものもある。

陸上に引揚げできたものや海底で測量したものによると、全長十五～二〇メートル前後というものが多い。船の上部まで完全に保存されたものはほとんどないが、帆柱は三本である。帆は布ではなく竹などで編まれたアコーディオン式に波状に折りたたみのできる、雨や海水に強い中国ジャンク独特のものもある。*

外洋で大きな波のうねり、台風の船よりも高く深い荒れた海に対し、十四、五メートルの木造船は、当時としては木の葉の如く波間に振り回されながらも、この寸法の船が最も安全であったと判断したようである。

*日本では防水の役割から種壺と呼ぶのと同系の穀類を保存するとともに、高価な香料、茶、塩漬け、砂糖漬けの肉類や果物等を入れた。

マルタバンの壺［清　メキシコ美術館蔵］

*船底が鎧作りと称する木板を少しずらした二重層になり、隔壁によって船底が区切られている。もし暗礁などによって穴があいてもその部屋のみを閉ざせば沈没の心配はないという、当時のジャンクの独特な構造から中国製の船であることが確認できる。

四耳のマルタバンの壺　新安沖引揚げ

マルタバンの壺（黒褐色釉）皿は青磁［トプカピ・サライ蔵／トルコ］

マルタバンの壺

中国の青磁がマラッカ海峡を避けてタイ国から陸を越えインド洋に面したビルマのマルタバン港より多量に積み出されるようになると、いつしか青磁にこの港の名であるマルタバンという名称をあてはめるようになったという。ちょうど、九州の有田焼を伊万里の港から積み出したことから伊万里焼と呼ぶことと同じである。回教徒で中国に14世紀前期に来たイブン・バットゥータの文中には、マルタバンを女王よりもらったが、これは塩漬けや砂糖漬けの航海食を壺に入れた物である、と記してある。海に長く保存のきく食糧もマルタバンと呼んだようである。

かなりのアラビア船が極東貿易に携わっていたことは確かであるにもかかわらず、残念ながらいまだそれらであろうと推定できる船は見つかっていない。

スマトラ島のインド洋に面した北端トゥ・ユアンで発見された木造船は、明の永楽帝*の時代、一四〇〇年頃の鄭和の遠征*に使用した船ではないかと判断されている。

今もってそうであるが、沈没木造船は、海水が透明で美しい熱帯魚が泳いでいるような海中の沈没船の写真や絵があるが、そのようなところでは水温の高さもあり、船食虫が木部にとりついた状況にもよるが、四、五年でほとんど姿を失ってしまうことが多い。ところが、盗掘者や水中考古学者にとっては難題となるのは海底のヘドロだが、そのヘドロが深いと木部を保護してくれる。

新しい商品の開発

このようにして中国の青磁は、南宋時代より船によって大量に輸出された。ただし、中国国内で青磁がいったいどれほどの数が消費されたかということはよくわからない。確かに伝世品として、また出土品としてはかなりの数が残っており、伴出遺物の中に年紀銘のあるものもある。が、新安の遺品の如く陸上で青磁が伝世品として一万数千個に匹敵するようなコレクションは見たことも聞いたこともない。しかもたった一隻の船の載荷として非常に特別なことであったのか、また、いわゆる南海貿易の各船が同じくらいの量を積んでいたのかも不明である。

ただし、日本や中国ではなくインドに行くと、ムルシダバードやオーランガー

永楽帝 →p.122

＊第一回の海事遠征には三〇〇隻以上に軍人を含めた約三万人の乗組員が乗り込み、そのときの船は長さ一〇〇メートルもあったと記されているが、二十年前に発掘された木製の八メートルもの高さの舵から割り出した数字とはいえ、いささか疑問は残る。

中国磁器破片　ブルネイ湾採集［13-15世紀］

バードなどの、おそらくムガール王朝*前後の宮殿に飾られた中国青磁の数に匹敵するものは日本にもない。また十五世紀から十九世紀にかけてのコレクションだというイスタンブールのトプカピ・コレクションでも青磁は一、三〇〇点である。

もしかすると中国本土に残っている宋、元、明の量にも及びもつかぬ量が、龍泉窯、そしてその周辺で焼かれて輸出されていったのであろうということである。すでに先にもふれたが、それプラス破片がある。ペルシア湾のホルムズやシラーフのみでなく、ペルシア湾の周辺にも大変な数の龍泉窯青磁があった。中近東が輸出先の重要なマーケットであったと考えたとしても、その量からしてすでに十四、五世紀、青磁の貴重性はだんだん下落していき、マーケットは満杯になりつつあった。

しかも青磁は、容器の形がいかに変化しようとも、釉薬の色調は単色のモノクロームである。時代的に少しずつ色調が変化したり、素文（すもん）という彫文様や浮彫文のまったくないものから、少しでも装飾性を加えた新しい商品を、おそらくクライアントは少しずつ欲求し始めていたのではないだろうか。

古今東西、時がたつと同じ形、文様のものに飽き、次なる欲求が、形の変化、文様の変遷につながると言ってもよい。中国青磁をハンドリングしていたアラビア商人が、マーケットの変化に合わせて少しずつ新しいタイプの商品を欲しつつあったと考えてよいだろう。それが、次に現われ爆発的に売れた染付の生産につながったのである。

ムガール王朝 ［1526–1858］インド史上最大のイスラム王朝。は第3代アクバルの時に帝国の基礎が確立、17世紀前半から黄金期に。王朝名「ムガール」は中央アジアでの「モンゴル」の呼称「モゴール」に由来する。

染付コーラン聖句文鉢　二重圏輪に正徳年製銘
［16世紀初期　トプカピ・サライ蔵／トルコ］

染付コーラン聖句文皿［16世紀初期　景徳鎮窯　アルデビル廟蔵］

絵皿［16世紀初期　ヴィクトリア&アルバート博物館蔵／トルコ］

色絵ラスター彩皿［13世紀　カシャーン出土］

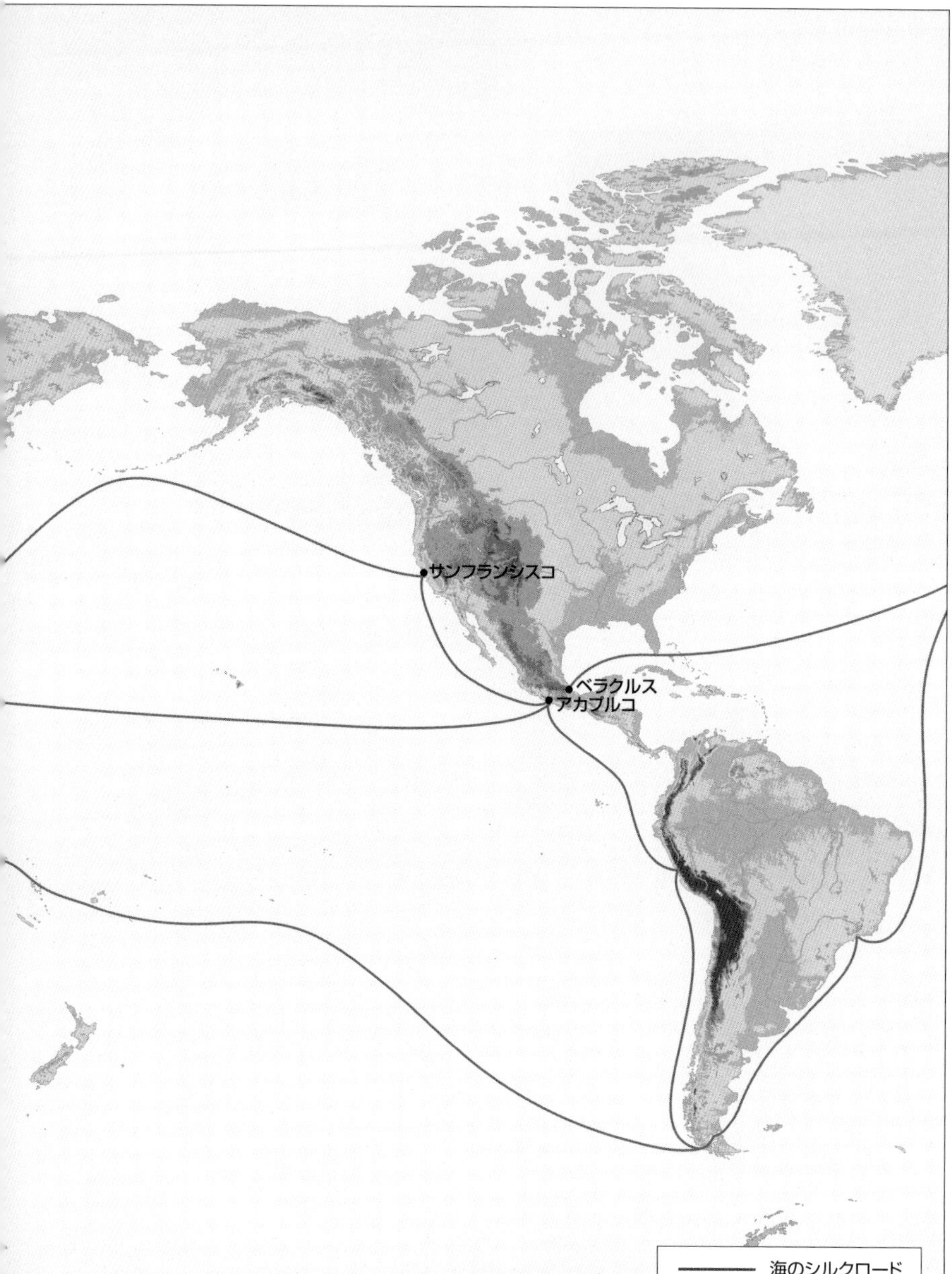
サンフランシスコ
ベラクルス
アカプルコ
海のシルクロード
陸のシルクロード
沈没船所在地
地名

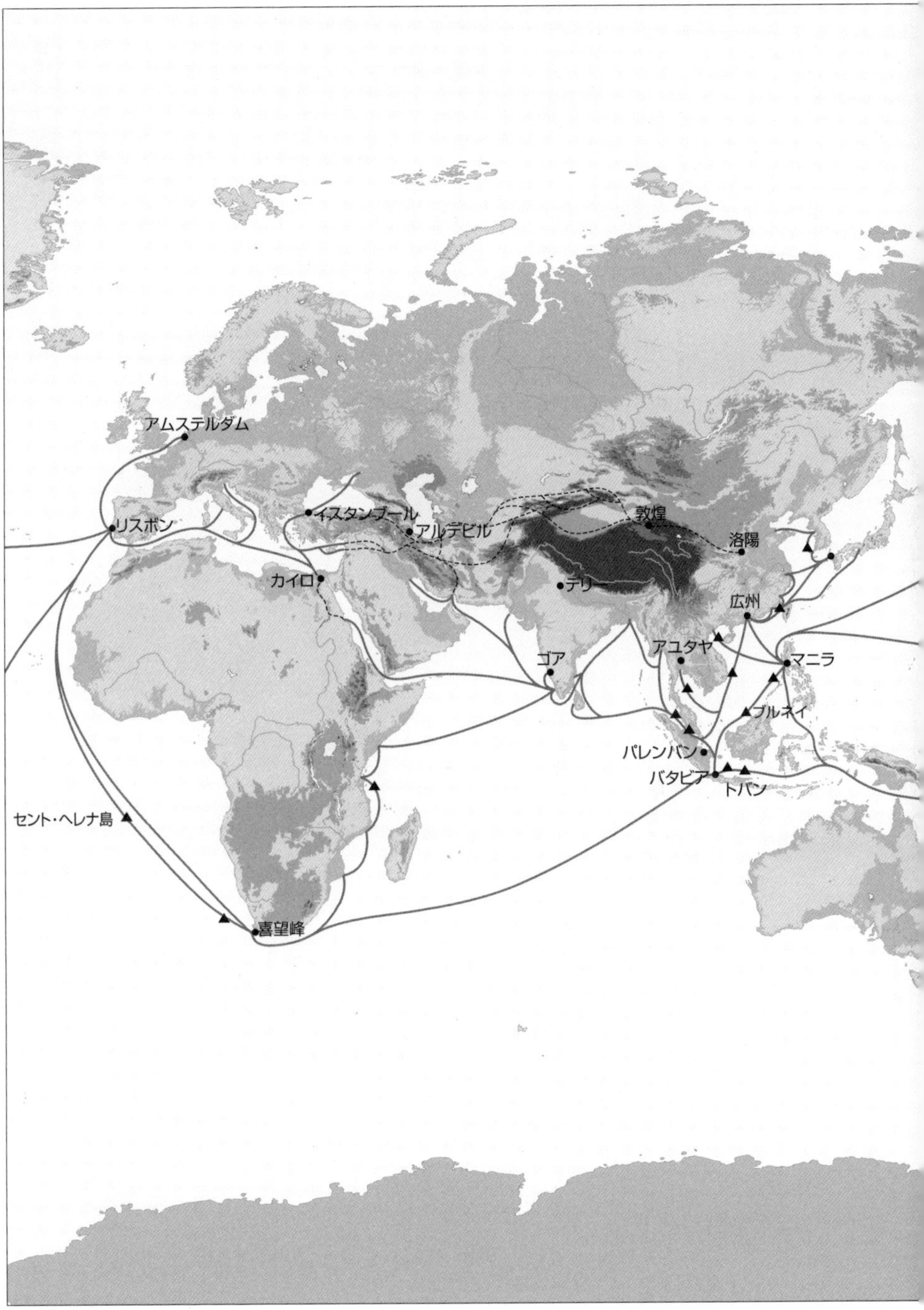
アムステルダム
リスボン
イスタンブール
アルデビル
カイロ
敦煌
洛陽
デリー
広州
アユタヤ
ゴア
マニラ
ブルネイ
パレンバン
バタビア
トバン
セント・ヘレナ島
喜望峰

陶磁の物流

アラビアの商人

十三、十四世紀の物流としての交易を整理すると、次の如くなる。

染付の材料となった酸化コバルトは、主としてペルシアのものすなわち「回青」であり、中国では良質のものが潤沢にはなかった。したがって十三、十四世紀、南海貿易のルートをたどり、西方から海路により途中でベトナムなどに寄港し「アンナン染付」の顔料となり、福建省の泉州や福州に陸揚げされ、さらに陸路、または少し遠回りとなるが沿岸沖を船で揚子江河口に至り、そこからさかのぼり鄱陽湖から最終窯業のセンター・景徳鎮にたどり着いた。このルートはすべて水路であり、後に景徳鎮の生産品の染付を折り返し輸出していくルートとなった。

その交易の中心となったのは、中国では龍泉窯青磁を遠くペルシアやエジプトにまで輸出した同じ商人であったろう。それも中国商人のみならず、むしろペルシア、アラビア系の商人がそのヘゲモニーを持っていたと考えられる。

だがペルシア等の陶土ではどのようにしてもあの硬い磁器は作れない。したがってやはり景徳鎮に頼るしかない。だがいっぽう、ペルシアには藍色の美しい焼物の上にほどこす上質の顔料、酸化コバルトがある。その両者の良き要素を互いに持ち寄って染付磁器を生産しよう。青磁を頒布していたのでそのマーケットはすでにある。宋王朝は衰退したが、新しい元王朝は新製品、しかも白磁の上にほどこされる文様はむしろアラベスク風のアラビアやペルシアで愛玩されるものがよい、等々。中国とアラビアの賢い商人たちが相談して、十三世紀末期には大変国際的な交易がスタートしたと考えられる。

最初は民間人同士の交易であっただろうが、それが軌道に乗り出すと、政府自身が半ば官営事業として肩入れしたことによって、元代染付はますます国際色を帯びてくる。元王朝の政府はそれほどの国際性を持っていた。広東には昔から外国人のコロニー*があった。東西交易は陸のみならず、海上においても伝統的に栄え、元時代は少し北の福建省晋江の河口港である泉州こそ世界最大の港であると、マルコ・ポーロもイブン・バットゥータ*も記しているが、今日でもその町を訪れると、彼らが「回民」と呼ぶ回教徒が住み、回教寺院があり、かつてここが海上交易の中心であったことがわかる。

宋末・元時代にかけて活躍したアラビア人で、一二四五年頃泉州の提挙市舶、今で言えば港湾局長となった蒲寿庚*（ほじゅこう）は、元染付の大量生産、大量輸出の下地を作った人物である。当時はまだ青磁の輸出が主で、染付の時代より少し早い。

元染付のルート

元染付の分布はフィリピン・インドネシア・インドにもあり、ペルシアに対してはペルシア湾の海岸線に陸揚げしたようである。アラビア半島の北東に細長い半島が出ておりホルムズ海峡があるが、シラーフ（旧名タヒリー）やホルムズ、

コロニー 外国人集団の居住地

マルコ・ポーロ →p. 126

イブン・バットゥータ
［1304–1377］モロッコ生まれ。イスラム教徒の旅行家。インド・東南アジア・中東・アフリカ・ヨーロッパを約30年間にわたって旅した。『三大陸周遊記』を口述。

蒲寿庚（ほじゅこう）
生没年不詳。四川省出身。宋末の混乱期初めは中立を保ち、宋にも元にも加担することを嫌ったが、宋軍が蒲寿庚の持ち船を無断で徴発したことに怒り元軍に与する。昭勇大将軍・閩広大都督兵馬招討使に任じられ、78年には福建行省中書左丞となったが、84年以後の記録はない。

バンダラアバズ、オマーンなど、この沿岸では東からの船荷を強制的、ほとんど海賊的におさえ、ペルシア湾の西端のバスラからメソポタミアのチグリス・ユーフラテス川をさかのぼり、回教文化の中心バグダッド等へ運ばれた。それらの貴重な荷物はかなり高い通過税を支払い、今までよりも小さなダウ船*に積み替えて運ばれた。いずれにせよホルムズ島をはじめとする海岸線で中国磁器破片の採集できる量は非常に大量であり、その地点は、昔の海のシルク・ロードと陸のシルク・ロードの接点であったことの証である。

その種類は元、明の青磁、染付等が主である。十四世紀、ここに陸揚げされた染付は、まず当時の権力者の手元に納められ、十六世紀末にシャー・アッバスがイラン、イラクの全地域を占領することによって貢がれて、今に残るアルデビル・シュライン・コレクションとなった。

アルデビルはカスピ海の西岸に位置し、陸路をたどってペルシアにもたらされたものもあることは確かで、中国磁器はアフガニスタンの国境に近いメシエッドやカーブルにもあるが、その数は海路と比べ非常にわずかである。

ペルシアの陶器の染付

中国の元染付が十四世紀に主として景徳鎮で焼き始められる前、すでにペルシアにおいて九世紀頃から、磁器の如く硬い焼物ではないが、陶器の染付が焼かれていた。

その先行するものとして、エジプトのプトレマイオス朝期の紀元三〇〇年頃に

ダウ船　1本マストで三角帆。モンスーンを利用してインド洋を航海する。今でもエンジンを搭載して、運搬や漁猟に使用されている。

ペルシアの染付東洋人文水注　17世紀中期　メシエット窯

なると、ファイアンスと通称する初期の銅系の釉薬で、青い釉薬のかけられた副葬品の小人物像や、ウシヤブチの御札としての甲虫や河馬などが焼かれる。これらは柔い焼物であるが、その釉薬の下にマンガンによる筆描の文様が描かれるとともに、数は多くないが酸化コバルト*による睡蓮やパピルス等を描くことが始まる。

染付はまずアラブやペルシアの地に発生した。その技法がどのようにして中国の景徳鎮に至ったのかは、かなり難しい問題である。ただ、ペルシア、中央アジア、中国の陝西省から北部中国の西安や北京は乾燥地帯の帯があり、それがラクダのキャラバンの移動する道であって、そのルートをたどり、河南省、河北省に点在する磁州窯系の焼物の窯場に、ペルシア陶器染付の技法が、生産品とともに陶工の移動も含め、おそらく陸路をたどって伝わったと考えられる。

なお、鉄絵と呼ぶ筆描の黒色文様や掻落の技法は染付技法と類似したもので、そのお互いの技法交流がペルシアのニシヤプールと磁州窯系との間にあったことも興味を引く点である。

中国陶磁と中近東

九世紀半ば以後、特に元時代の青磁や染付、明時代の色絵が、中近東の人たちにとってどのようなものであったのか、私の考え方をまとめてみたい。

第一期　唐末から五代・宋時代（九〜十二世紀）

揚子江の河口に近い地域で焼かれた越州青磁が、すでにエジプト・カイロ郊外

＊現在アフリカのキンシャサやモロッコなどで世界の97％の酸化コバルトが採掘されているが、古代染付の材料となっていたか否かは不明である。

青釉把手付水注　12世紀　ゴルガン出土

のフスタート遺跡で発見された。

それとともに、中国本土における長沙銅官窯の窯跡調査が行なわれ、その破片があちこちに分布していて、中国の特産品としてすでに輸出されていたことがわかった。特に私は染付の交易について気にしていたので印象が強く、銅系の金属による青色発色も、最初はコバルトであるかと興味を抱いたが、それは間違いであった。ただし、筆描きによる詩文や鳥の絵などは染付の発想と同じであった。今から三十年ほど前、中国大陸で盗掘品が大いに出回ったことがある。その長沙銅官窯の品々が台湾・台北大学に何百点と一括蒐集されているのを見せていただいた。その系統の盤や水注が、東南アジア、フィリピンも含めて海を渡っていったことは確かとなった。が、唐末、五代頃のピークの後、窯の生産は衰退してしまったようである。越州系の青磁等と比べ、生産品の絶対数はそれほど多くなかったかもわからない。

もちろん越州青磁の通称で呼ばれる初期的な、灰色から茶褐色系を帯びた青磁を焼いたものは、当時かなりの範囲で、かつ大量だったようで、中国国内から東南アジア、エジプトにまでわたり、日本における出土もあって、当時生産した初期青磁としての位置の大きさがよく理解できる。その中には飛青磁*風の鉄斑のあるものや、窯の中の色調変化に依存しているが驚かんばかり青色系の美しい釉調のものも混ざっていた。

飛青磁（とびせいじ）　青磁釉の下に、鉄斑文を飛ばしている青磁

南宋時代に造られた
八字橋［紹興］

清明上河図 北宋の都の情景を描写したもの［張拓端作画 右・第十三図 左・第八図］

花籃図［南宋 李嵩画 北京故宮博物院蔵］

青磁碗［北宋 12世紀初 汝官窯 デビッド・コレクション］

白磁牡丹唐草文瓶［北宋 11–12世紀 定窯 デビッド・コレクション］

第二期　宋時代から元時代の青磁（十三〜十四世紀）

浙江省から福建省にかけて龍泉窯のものが大量に焼かれ、膨大な数の青磁が東南アジアから中近東まで輸出された。それが元時代以後の染付の分布につながったのである。

しかし、それらの焼物の質を一点一点見てみると、平均して良いとは言い切れない。窯の中での還元が悪いため青ではなく褐色となったものまで平気で輸出しているのを目にすると、当時ハンドリングした、おそらくペルシア、アラビア系の商人たちは、焼き上がりに神経質ではないことが少しずつわかってくる。中国ではその手のものを「米色青磁」と呼び、日本では茶人がその渋さを喜んで珠光*が愛でたことから「珠光青磁」と呼んだが、浙江省の沿海地域、同安窯のものなども含め、例えば龍泉窯の大窯のものなどと比べると、焼物としては一つランクが落ちる。

インドネシアでは米色系のものをゴールドン・セラドンと呼び、青磁の釉薬の中に黄金が混ぜてあるので貴重なものであると教えてくれた。青磁の上に毒が混ざっていると食物をのせたときに変色するので、暗殺を恐れたスルタンたちがこのように青磁を集めたのだとの話も、回教系の賢い商人が考え出したセールス・トークでしかない。

インドにもたくさんの青磁が保存されており、彼らは「ゴリ」*と呼んでいる。インドはカースト制度の厳しいところ、身分の低い人達が使用した容器は不浄で

村田珠光（むらたじゅこう）［1423−1502］室町時代の茶人。大徳寺で一休に学ぶ。従来の殿中の茶と一般の茶を合わせた侘び茶を創始、茶道の祖といわれる。

ゴリ　言葉の出所は不明。中国の陶磁学者陳萬里氏は、パキスタンとアフガニスタンの国境に近いゴール城に中国の青磁の大コレクションがあったことからだと言っておられる。

あるとし、割って捨てる習慣があるが、中国からはるばる運ばれてきた貴重品をたとえマハラジャでもどんどん割っていくわけにはいかない。そこで、使用後砂で洗えば不浄でなくなると、これもまた賢い商人の考え出した知恵であろう。

それにしても十三、十四世紀、あのように大量に輸出された青磁は、小さな壺に始まり、彼らがココナツ・ボールと呼ぶ十七、八センチの碗や直径四〇センチの鉢、二〇センチから四十二センチの各種中・大皿、確かにインド・ペルシアのミニアチュールと呼ぶ細密画には果物が山盛りにされた絵などが描かれているが、食器としての使用以外に盛り物皿としての用途が多かったことがわかる。

第三期　元時代染付輸出の時代（十四世紀）

中国の染付は元朝十四世紀、ペルシアからの酸化コバルトと景徳鎮のカオリンによって発生したのだが、その主流となったのは中国国内の使用品としてではなく、むしろ回教圏の人達に対してのマーケットをにらんで生産したものであった。

染付の前に青磁が輸出されていたので、形や大きさは、大皿は四十二センチのものがスタンダードで、それより大きいもの、少し小ぶりのものが主である。元染付のグループの中でも初期には、皿の縁が花弁風の、ほとんどが十六弁の波形に切り込みのある、私達が輪花と呼ぶものが多い。もちろん、轆轤で円形に引いたままでその上に縁飾りの絵のあるものがあり、その方が製作工程が楽であることは確かなのだが、そこが中国工芸らしく、輸出の初期にむしろ手のこんだ仕事をしている。皿の縁を取り巻く牡丹唐草なども注意してみると、型押しでほんのわずかであるが凹凸がつくという微細な仕事がなされている。その製作方法は景徳鎮の宋時代の白磁よりもむしろ龍泉窯青磁に類似点が見られる。

今ひとつ、染付で描かれた龍や喇嘛文、スネーク・ライン・ウエイブと呼ぶ波頭を描いた文様などは、宋時代、または元朝初期の景徳鎮白磁のボディ、梅瓶などの胴に、片切文と呼ぶ箆（へら）風の小刀でほどこされたものを認めることができる。したがって、元染付もそれなりの源となる形や文様が青磁や影青（いんちん）と呼ぶ景徳鎮の白磁にさかのぼることができるのである。

にもかかわらず染付の、より正確な発生については、酸化コバルトがペルシアのケムサール一ヵ所であるのか、他にもあったのか、ペルシア商人と中国の生産元である景徳鎮との間にどのような約束事があったのか、国際的な交易における詳細なシステムについてもまた不明なことの方が多い。運送にはペルシアやアラビアのダウ船、インドネシアとの交易にはおそらくそれぞれローカルな船が使われたのだろう。もしかすると海賊船だったのかもわからない。さらに、中国ジャンクが外洋交易船としてどの程度活躍したか等々、不明点はいくらでもある。

私は伝統的な空白の多い染付、特に「古染付*」等を好まれる方々といろいろ議論したが、結論としては、中近東に残る染付は景徳鎮で焼き、絵付けも揚州・草虫画派の人達の手による部分があったとしても、文様の配置の基本は中近東向けである、つまり、アラベスク風で、我々日本人とは審美眼的にも異なっているということであった。

古染付　明末清初の景徳鎮で焼成された民窯の一群。万暦末年より天啓年間（1621〜1627）景徳鎮窯で焼かれた染付をいう。

元大都遺址［北京］

インド洋に乗り出した元朝の船

第四期　明初期の染付輸出の時代（十五世紀初期）

元が滅んだ後、景徳鎮は確かに疲弊した。ペルシアの回青と呼ぶ良質の酸化コバルトの提供も製品の輸出もほとんど止まった。明朝洪武帝*の時代に景徳鎮で官窯が再び焼かれたというが、詳細は不明である。染付、釉裏紅*で洪武様式というものはある。しかし、元の至正時代・元朝染付と比べ洗練されたところは少ない。

また、元朝が本当に終わらなくとも、一三五一年の紅巾の乱*が元朝の転覆を謀った時点で回青の輸入は止まった。そこで絵付匠の誰かが岩絵の具*として使用していた銅系の群青を使用し、釉裏紅が使用され始めたのではなかろうかと考え、日本画の群青の顔料をコバルト等とともにテスト焼したところ、見事に釉裏紅の、少し白色味を帯びた朱色が発色した。元染付の初期の小品にも同じ形の同系の文様をした釉裏紅は確かに出土品としてある。しかし銅は不安定なので扱いにくく、元朝ではそれよりも発色のよい酸化コバルトが主流となっていた。が、輸入が止まりその不足を補うため、元末・明初に釉裏紅が焼かれたという推定である。

永楽帝*の命令の下、鄭和*がペルシア湾にも届く海事遠征を始めるや、回青の輸入はもとに戻り、それとともに宣徳時代の十五世紀初期には、今までの元染付から脱し洗練された染付文様のものが景徳鎮で生産され始めた。また、官窯を示す「大明宣徳年製」という年号、その他に二本線で矩形や同心円の圏輪を施すことが始まった。中国の人達にとっては、官窯であることを示す宣徳時代の方が無名の元時代の染付よりも一段ランク上のものであるという認識が定着している。

洪武帝　[1328–1398] 明の初代皇帝。姓名は朱元璋。廟号太祖。貧農の生まれ。元末の紅巾の乱に加わって力をつけ南京で即位、国号を明とした。行政・検察・軍事を皇帝に直結させ皇帝独裁体制を確立した。

釉裏紅　釉の下(裏)に発色している紅色

紅巾の乱　1351年から66年にかけて白蓮教などの農民を中心とした宗教結社集団によって起こされた反元民衆運動。首領は韓林児。紅色の頭巾を目印とした。

岩絵の具　東洋画の顔料。天然の鉱物を粉末にし、精製・乾燥させた絵の具。紺青・群青・緑青など。水に溶けないので、にかわにまぜて用いる。

染付鹿山水文鉢［明 16世紀 アルデビル廟蔵／イラン］

蓬莱水城 明代に倭寇に備えて築かれたことから備倭城とも言う［山東省］

美術品の好き嫌いは個人的なことである。しかし多くの品々に目を通した時、元染付には「古典的」な美しさがあると言ってよいと思う。

中国は鄭和の遠征を通してそれまでと比べられないほど回教圏に近くなり、彼らの好みもよく理解した上で、染付は生産され輸出されていった。

永楽帝［1360–1424］
明朝の全盛期を築いた第3代皇帝。中央集権体制を強化し、首都を南京から北京に移した。多くの遠征で、北はヘイロン川（アムール川）から南は安南、西はチベット方面まで領土を広げた。また中国最大の百科事典『永楽大典』や『四書大全』などを編さんさせた。

鄭和［1371–1434頃］
明代の武将。雲南出身のイスラム教徒で宦官。永楽帝の命で大艦隊を率いて南海に遠征、計7回の航海を行なった。

第五章　ヨーロッパの染付と陶磁

中国磁器がもたらしたシノワズリー

ポルトガル人バスコ・ダ・ガマが一四九八年、インドのカリカットに至ったのを皮切りとして、アフリカ南端喜望峰*を回航する。ヨーロッパの大航海時代の幕開けとなり、東洋海上貿易の火蓋が切られたのである。次に大船団を動かし極東に進出してきたのはオランダである。

一六〇二年、オランダはアムステルダム、エンクハイゼン、ホールン、ミッテルブルグ、ロッテルダム、デルフトの六カ所の交易商人が、オランダ東インド会社を設立した。V・O・C（Vereingde Oostindsche Compagnie）である。インドネシアのバタビアに極東の大ステーションを置いた。彼らの船団が用いた外洋船をカラック船*と呼ぶが、武装商船であり、大砲を両舷に備えて外国船に対抗するとともに、彼ら自身も海賊行為を行なっていた。南海におけるポルトガルとオランダというヨーロッパ人同士の海戦は激しく、スペインがマニラに進出した後のオランダとの覇権争いも熾烈であった。

一六〇二年、セント・ヘレナ島でオランダ東インド会社の船がポルトガルの武装交易船サンチャゴ号を船ごと拿捕し、母港のミッテルブルグに曳航しオークションにかけた。一六〇四年にはマラッカ海峡でオランダはポルトガルのサンタ・カテリーナ号を拿捕し、アムステルダムまで曳航してこれもオークションにかけた。その二艘が積んでいた中国磁器のあまりの量と質の良さにヨーロッパ人は目

喜望峰　喜望峰はアフリカ南西端の岬。ケープタウンの南約50kmに位置する。1488年、バルトロメウ＝ディアスが到達して「嵐の岬」と命名。のち、ポルトガル王ジョアン2世は、インド航路の希望はもはや達せられたとして「喜望峰」と改名。ヴァスコ・ダ・ガマはここを回航してインド航路を開いた。

カラック船　15世紀初め～17世紀、遠洋航海に使用した大型帆船

を見張った。それまではエジプトその他から少しずつ地中海を越して運ばれていたに過ぎなかったが、イギリスの王侯貴族をはじめヨーロッパ人の中国磁器コレクションはこの時から始まった。中国磁器、それもほとんどが染付であり、その他には絹織物、漆屏風（コロマンデル・スクリーン）、さらに香料、珍木、夜光貝の工芸品、玳瑁や茶等が極東の偉大な国の珍宝であるとして喜ばれた。

それらの東洋の品々の流入によりシノワズリーという社会的風潮をもたらし、クーリー・ハットと呼ぶ三角形の竹製の編み笠をかぶり八字髪をはやし、今までヨーロッパになかった絹の中国風ローブのような服を身につけ、先のくるりとがった靴を履き、屋根端のそれもくるりと巻き上がった六角や八角の東屋（あづまや）を屋外に作り野饗を開くことが楽しまれた。宮殿内の壁にも回教風に壁一面に中国磁器を飾り付けチャイナ・サロンと呼んだ。また後になると、日本の伊万里焼もヨーロッパまで運ばれて、日本の間なるものができて壁やショーケース、マントルピースの上に飾り付けられるようになる。

そのようなシノワズリーを支えたのは海上運輸であった。

当初、この極東交易船は母港につくと、海図は艦長がまとめて本社に持っていき、次の航海まで誰にも見せず航路の秘密と保全をはかっていた。

無事帰国できるという保証もない大洋を越しての危険な航海にでかけたのである。その危険性の見返りとして、一般クルーも「脇荷」といって私物、すなわち焼物や香料、絹などを会社の荷物とは別に持ち込むことが許されていた。

中国趣味の飾りつけ　クロンボルグ城［デンマーク］

日本の出島を出た船がバタビアに着き、まず私物の脇荷を下ろしたところ船の喫水線*が二メートルも上がったという。日本の当時の伊万里焼をここまで運び、一応換金しその代価でもっと軽く利鞘の良い香料などと買い換えたのであろう。

異文化への憧れ

オリエントという言葉がある。もともとラテン語で「起こる」「現われる」の意味をもっていて、太陽が出てくる東の方の地域やそこに起こった宗教や文化を含めた通称として、ヨーロッパ全体で使用されている。

ヨーロッパ人がオリエンタリズムなどと呼ぶオリエントは非常に広範囲な地域であって、西はイベリア半島の南部からアフリカ大陸の北部モロッコやアルジェリア、エジプトそして今のイスラエル、シリアの地中海に面した国々、またトルコのアナトリア半島を含む地域もオリエントであると解釈していた。エイシア・マイナすなわち小アジアなどもオリエントのうちである。ただニヤー・イーストはヨーロッパを中心にして考え、彼らにとって近い東方の場所という意味であり、それに対してのファー・イーストは極東とも呼ばれ、彼らからすると遠い東の果てにあるのが中国であり日本であった。感覚的にはそれほどに遠い国である。

マルコ・ポーロ*は一二七一年にベニスを出発、一二九五年に中国から帰国して『世界の叙述（東方見聞録）』を口述したのであり、極東には自分達とは大変スケールの異なった文化・社会の整った偉大な国があると知らしめたのである。そのチナ（中国）の向こうに黄金の国ジパング（日本）があるという話も、ヨーロッ

喫水線　船が水上に浮いているとき水面が船体を区切る線

マルコ・ポーロ　［1254−1324］イタリアの旅行家。父・叔父とともに中央アジアを経て中国（元）に至り、フビライに仕え各地を旅行。1295年インドを経て海路帰国。ジェノバとの戦いで捕虜となり獄中で「東方見聞録」を口述した。

ベニスの絵［13世紀］

ジェノバに残るマルコ・ポーロの肖像画

スペインのガレオン船

パの人々には刺激的なインフォメーションであった。

　そして彼が持ち帰った白磁の碗が、ベニスのサン・マルコ寺院にあるという。その白磁系統の焼物を、ヨーロッパではマルコ・ポーロ・ウエヤーと通称している。ただしこれはいささか疑問で、十三世紀末ではなく、むしろ十七、十八世紀の福建省・徳化窯の白磁の観音像や紅毛人等の清朝のものを、ヨーロッパ人はマルコ・ポーロ・ウエヤーと通称した。日本人は現在シルク・ロードと呼ぶ名称に東西交流についてのほのかな憧れを持つが、ヨーロッパ人の間では今でもシルク・ロードという名称は根付かない。むしろその代わりに「マルコ・ポーロ」が東方への憧れの総合名称となっていて、彼らのエキゾティシズムをくすぐるのである。いずれにせよ、その当時より現代に至るまで、マルコ・ポーロがヨーロッパと中国を結ぶ一つの大きな繋ぎとなったことには感心させられる。そしてその底辺にあるのはエキゾティシズムである。

　唐草文様と呼ぶ蔓のカーブした線の緩やかな波状の繰り返しや、くるりと巻き込んだ渦状の線が、花や、それも牡丹、蓮、宝相花という抽象化された装飾的な花文様として、葉や芽を中心にリズムをもって配されている。法隆寺*のギリシアに源をもつ忍冬唐草や中近東に源のある薬師寺*の葡萄唐草などは、七、八世紀に中央アジアを越して日本にまで伝わってきたものである。

　日本では中国大陸から伝わった文様として「唐草文」と呼ぶが、中国に行くと「西蕃文」または蓮が中心にあると「西蕃蓮文」と呼ぶ。すなわち中国よりさら

法隆寺　奈良県斑鳩町にある聖徳宗総本山。7世紀初め聖徳太子の建立と伝えられる。飛鳥・奈良時代の優れた仏像・美術品を多数蔵する。

薬師寺　奈良市にある法相宗の大本山。680年天武天皇が皇后（のちの持統天皇）の病気平癒を祈って発願、藤原京に完成し、平城遷都とともに現在地に移転した。

色絵東洋婦人像（通称傘美人）［18世紀 景徳鎮 プロンク・デザイン／オランダ］

染付　クーリーハットの人物文鉢［18世紀中期 ローウェスト窯／イギリス］

に西のインドからきた文様であるという。ところがインドより西に行くとすべての唐草系の文様を「アラベスク」*と総称する。これはアラビア風ということで、そのほとんどの地域が回教文化圏で、イスラム教徒等は唐草文様のくるくると巻き込んだ文様とともに、一つのスペースを小さな花の心地よいリズムの繰り返しで包み込んでいくのを喜んだ。

このアラベスクという呼び名はヨーロッパ人のオリエントやエスニック等とほとんど同じ異文化への憧れをかもす言葉として使用されている。

ヨーロッパの磁器作り

ヨーロッパ初の磁器―マイセン窯

硬く、軽く、薄く、たたけばチンチンと涼やかな音のする中国の磁器が手に入ると、その製法はわからないがなんとかして自分達の手で同じようなものを作ろうと考えるのが自然ななりゆきである。

オーストリー・ザクセンのフリードリッヒ強権王*は、ちょうどスウェーデンとの戦いに負け、軍事費ほしさに当時黄金と同じ価値のある磁器を作ればと考え出し、錬金術師ベドガー*に命じて中国と同じ磁器を作ろうとした。特別の保護のもと、ドレスデンのベヌースバスティに半ば幽閉し、王は戦争に出る時もベドガーを連れてゆき、機密の漏れるのを恐れた。

その厳しい隔離の下、一七〇九年、マイセン窯*で磁器製造に成功、一七一〇年

アラベスク　イスラム美術の装飾文様。偶像禁止の教義により、植物の蔓・葉・花の図案化や星形の展開などの対称性に富む文様が発達した。

フリードリッヒ・アウグスト一世　[1670–1733] ザクセン選帝侯。壮麗なバロック様式の城館を建て、ヨーロッパ中から美術品を収集した。

ヨハン・フリードリッヒ・ベドガー　[1682–1719] ヨーロッパ初の磁器焼成に成功した錬金術師

マイセン窯　ドイツのザクセン州中央部。ヨーロッパで最初の磁器が焼かれた。

色絵東洋風人物文花瓶［18世紀初期 マイセン窯］ 朱泥植物文ティーキャディ［マイセン窯］

には「王立ザクセン磁器工場」が作られ、国家事業となる。一七一七年、ベドガーは三十七歳の若さで死んでしまう。技術保存のために暗殺されたとも、幽閉中の憂さ晴らしのためアルコール依存症となり死んだとも、言われている。

ザクセンとボヘミアの国境近くの山岳地帯で採集された白い粉は、王族や高官、裁判官のかぶった鬘（かつら）にふりかける髪粉（かみこ）であるが、それこそがベトガーの探していた磁器の大切な材料カオリンであることがわかった。

それまでは大理石の粉や長石を加えるなど、いろいろなテストを重ねたとのことである。ベドガーは死ぬ前、王の近臣二人に、別々に釉薬と磁土の調合を教えるといった慎重さで、マイセンを後々までヨーロッパ唯一の磁器生産窯にしようと手を打った。

ベドガーの死後はヨハン・グレゴール、ヘロルト一族によって引き継がれ改良されて、一七二五年には染付磁器、色絵磁器の生産が軌道に乗った。

ところがヨハンが死ぬと、ただちにクリスト・コンラーとサミュエル・シュテルエルの職人二人が一七一六年に開窯していたウィーン窯に引き抜かれ、翌年にはフンガという職人がヴェネチアに行って磁器窯を築いた。

さらに一七三五年にフィレンツェ、一七三七年にコペンハーゲン、一七四三年にはロシアのサント・ペテルスブルグにも磁器窯が開かれ、あっという間にマイセン系の磁器はヨーロッパに広がってしまった。

ルイ十五世待望の磁器——フランスのセーブル窯

今一つのヨーロッパの磁器窯、フランス・セーブル窯*も磁器好きのルイ十五世の庇護のもとに成長した。

もともとルーアンで中国磁器と同じようなものを焼こうという試みがあり、フランス人陶工のエドメ・ポテラーの子ルイが一六九五年頃、サン・クルーで肌の白い磁器風のものを焼いて特許をとっていたが、一六九六年に彼が死ぬと、胎土を秘密にしていたため配分が不明となってしまった。

ただそれは中国の磁土とは違い、珪砂、石膏、ソーダを融解したあと粉にして、その粉末に石灰と粘土を加えたもので、外見は中国風であるが、たたいても涼やかな音はしないし割れやすい。半磁胎あるいは軟質磁器というもので、英語ではセミ・ポルセライン、またはソフト・ペイスト・ポルセライン、またはポルセラナスと呼ぶ。ルイ十五世は中国磁器への憧れから「ポルセライン・ド・フランス」と名づけている。

ルイ十五世の寵姫マダム・ポンパドールが磁器生産に興味を示し、一七四五年に九万ルーブルの資金を投入、幾つかの段階を経由してセーブル窯が軌道に乗った。特にサン・マルタン寺院のベネティクト派のイッポリート修道士にかなりの金額を支払い、教会が伝統的に保有していた金焼付けの技法を導入して、王家の紋章のいちはつや、金彩が豊かにほどこされた焼物となったのである。

一七六八年、リモージュに近いサンチュリエでダルネーという外科医の奥さんが外出の帰途、傘の先についた白い土を見つけ洗濯用に使おうと持ち帰ったもの、

セーブル窯 1756年に王室御用達のヴァンセンヌ窯がセーブルの地に移され、59年にフランス王立製陶所、フランス革命後は国立セーブル製陶所となる。セーブル国立陶磁器博物館が併設されている。パリ郊外に位置する。

ポンパドール フランソワ・ブーシエ作 部分 [ウォーレスコレクション蔵]

いちはつ Roof Iris.アヤメ科の多年草。高さ約30～60㎝。5月頃紫色の花をつける。

それが長年探し求めていたカオリンであった。その後その磁土がセーブル窯で使用されるようになり、ここでも本物の磁器が焼けるようになった。ルイ十五世は「ロイヤル・ポルセライン」を称するように指示、先述の「ポルセライン・ド・フランス」と区別させた。

先行していたマイセン窯に、セーブルがいかに追いつくかが当時のヨーロッパの貴族の興味をそそった。

地中海周辺には磁器のためのカオリンナイトは見つからなかった。すでに中世期ペルシアの陶器の技法がヨーロッパに伝わっていたにもかかわらず、磁器を彼らの手で作り出すのは容易ではなかった。

中国からの輸入品はほとんどが染付磁器であるが、あの硬く、薄い、軽く、たたくと涼やかな音のする中国磁器は、やはり彼らにとってまだまだ不思議な焼物であった。もちろんそれゆえにこそ自分達の手で磁器を作ろうとしたのである。

ウェジ・ウッドやボーン・チャイナ——イギリスの窯業

イギリスでも十八世紀に入ると一七三〇年のウェジ・ウッド*、一七四五年スタッフォードシヤー地域を中心にチェルシー、ダービー、ロントン・ホールなどの窯が開かれた。ボウ、ロイヤル・ウースターも同じ時期である。

一八九〇年にはビクトリア女王より王室御用達の指定を受けたロイヤル・クラウン・ダービーや、イギリスらしいソルト・グレイズ*系のストーン・ウエヤー（軟質磁器）を焼いたのがロイヤル・ドルトン窯*である。

*バルスレムに生まれ、陶工だったジョサイア・ウェジウッドが創業。65年には「王家の御用達陶工」の称号が下賜される。

ソルト・グレイズ　焼成の前に塩をかけると釉薬となる欧州伝統の技法

ロイヤル・ドルトン　1815年の創業時は塩釉石器を制作、二代目のヘンリー・ドルトンの時代にファインボーンチャイナを手がける。のちイギリスの名窯を傘下におさめ屈指の陶磁器メーカーとなった。

染付鳥形ティーポット［生産地ベニス／イタリア 16世紀 ヴィクトリア＆アルバート博物館蔵］

染付神話文皿［生産地サン・クルー／フランス 18世紀］

藍地宗教画飾り板［生産地リモージュ／フランス 16世紀］

イギリスの磁器の発達はヨーロッパではいささか遅れていた。イギリスの窯は十八、十九世紀各地方に広がった。しかも、非常に焼物好きな国民である。そして中国陶磁愛好についても十九、二十世紀大変なコレクションを作り楽しみ、高度な研究をしてきた。

ここでふれておきたいのは、ウェジ・ウッドやボーン・チャイナ*というのは、他のヨーロッパの陶工達と同じように彼らの伝統的な技術でもっていかに中国磁器に近づこうとしたかの行程のワン・ステップであったことだ。

ソルト・グレイズの技法があの青や黒地に白土を貼り付けたウェジ・ウッドのジャスパーウエヤーを創り出したのである。

ボーン・チャイナというと日本の人達は大変高度なものと思われがちであるが、胎土の中にいろいろなものを混ぜてテストする途中で、獣骨の灰粉を混入することにより白い肌の焼物ができたのである。スポート窯で一七九七年頃のスタートであり、ボウ窯でも少し早くから焼いているが、スポートの方が良質である。軟質磁器と呼ぶもので本式の磁器ではないとは言え、窯の中での縮みは他の陶土よりも多く、技術的には優れた窯でなければうまく焼けない、といった点がある。

中国磁器コレクション及びその研究は、現在イギリスが一番進んでいる。

オランダのデルフト窯

十七、十八世紀に中国染付を一番たくさんハンドリングしたオランダについてふれておきたい。

ボーン・チャイナ　カオリンのかわりに牛の骨灰を利用してつくられた白磁。1750年に発明された。ファイン・ボーンチャイナは牛の骨灰が原材料の50％以上をしめるもの。

工房の画［オランダ］

陶工の版画［オランダ］

跳ね橋［オランダ］

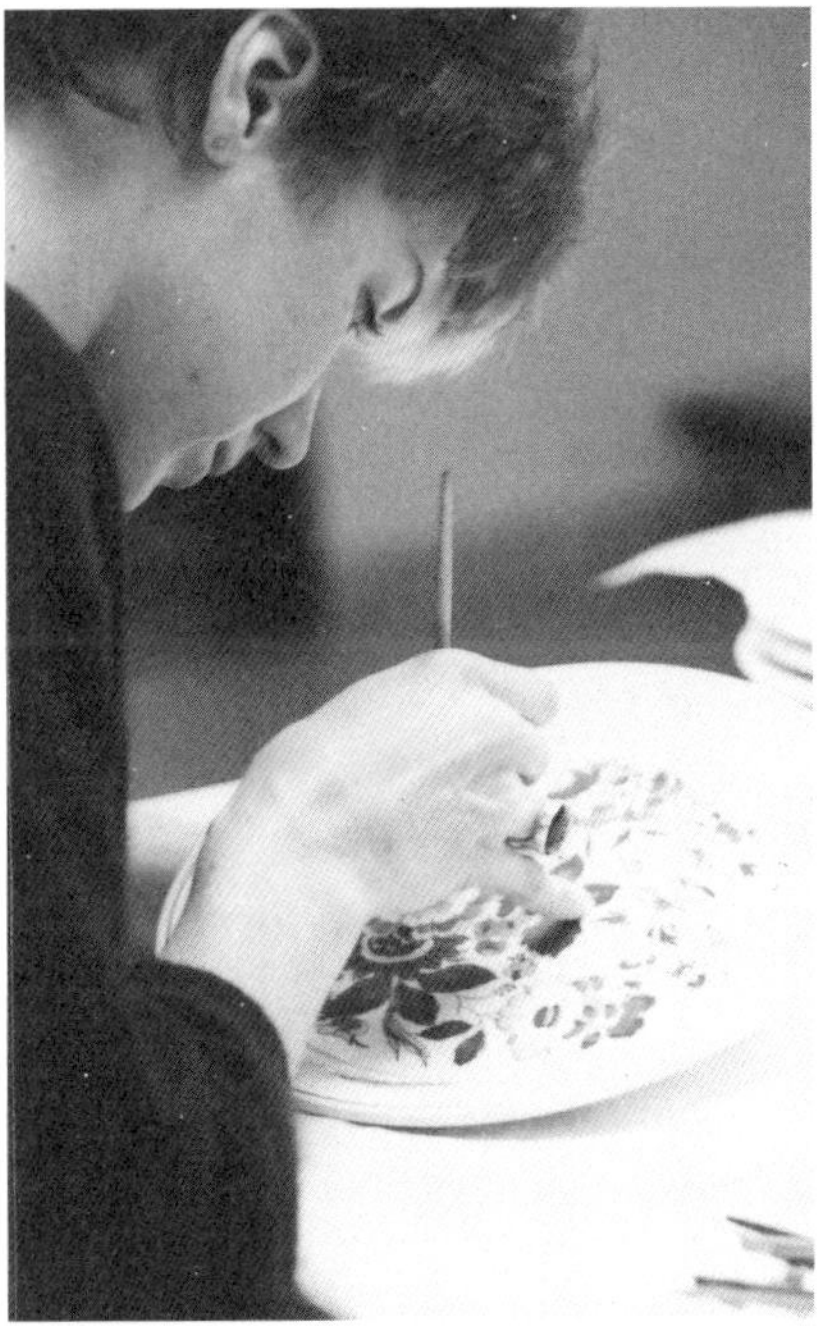

絵付けをする女性［オランダ］

絵付けをする女性［オランダ］

ヨーロッパは多くの事柄を、オランダ交易船を経由して次々と学んだ。ところが焼物としてみた場合、オランダのデルフトを中心とする焼物は、陶器であって磁器ではなかった。

オランダはヨーロッパ北西部の低い平坦な低地、ニーザーランドとも呼ばれ、北海に面した海岸に沿って防潮堤を作り人工的に土地を広げ、海水面より低い地にも暮らせるようにと、何百年にもわたり努力を続けてきた。

また、ヨーロッパの、より内陸部の必要な物資の輸出入のセンター的な交易をしていた。特に十七世紀初頭から極東貿易に力を入れ、V・O・Cの活躍でまたたく間にヨーロッパの富を、あの限られた土地に集結、世界第一級の富める国へとのしあがったのである。

現在もオランダ・ロッテルダム港はヨーロッパにおいて抜群の輸出・輸入港である。ドイツ領に入るとあの有名なライン川となる、マアース川の河口にロッテルダムがあり、北ヨーロッパの広い地域に大流域網を持っている。現在でもオーストリア、スイスなどの荷物船、特にオイル・タンカー船の多さにはいささか驚かされる。オランダが占めるヨーロッパ北部、アルプス北側の台地に対する経済的な位置が自然と理解できる。

もちろん私の頭にはオランダ東インド会社があって、十七世紀以後、この川、そして支流や運河を通して中国染付や漆などが運ばれ、あのシノワズリー・ブームが拡大し得た背景を見る思いである。

その当時、アムステルダムとロッテルダムの中間にあったデルフトは、東インド会社の六つの都市の一つであり、むしろ毛織物とビールで儲かっていた。ところが一五三六年と一六〇八年の二度の大火災を区切りとして焼物を焼くようになったという。

ヨーロッパ北部地域から流れ出た堆土が何千年にもわたって積み重ねられた地層がオランダにはある。地表さえ捲くればその下三メートルばかりに陶土に適した土が手に入った。そこで十七世紀初頭から次々と輸入される中国磁器に目をつけ、その仿製品をデルフトで焼き始めた。*

一五一〇年にはデルフト職業組合が組織されその記録が残っている。陶工、絵付匠、絵付けのための版刻師等が、すでに、この町の伝統的な織物業者、皮革袋物師、印刷業者、ガラス製造者らとともに上っているのは興味深い。

白地に藍の筆描模様の中国風の唐草文や人物・楼閣文などデルフト染付陶器は、今もオランダのみならずヨーロッパ全域でかなり目にする。

ドイツ国内だけでもベルリンのシャルロッテンブルグ宮殿、ヴァイセンシュタイン城（ボンメルフェルデン）、ニュンフェンブルグ（ミュンヘン）、レデンツ（ミュンヘン）、アルンシュタット宮、レジテンツ（アンスバッハ）他に磁器の間がある。中国や日本の伊万里から運ばれる本物にはその量に限りがあるので、デルフトで焼かれた中国風の染付、トルコのイズニック*の中国スタイルの壺などがおおいにその陳列に役立ったようである。

＊17世紀末にはオランダ絵画をとり入れた作風と東洋的な作風が盛んになったが、18世紀以降しだいに衰退に向かった。オランダ南西部、南ホラント州。

イズニック　トルコ共和国北東部。良質の石英、白色陶土の産地として知られる。14世紀には宮廷窯が置かれていたが、16世紀に入ってからイズニック・タイルが本格的につくられるようになった。

また、デルフトでは必ずしも中国風でなくとも筆描きの人物像として、飾り皿の中央を白いカンバスに見立てキング・アンド・クイーンの像や貴族のポートレートとを描き、年号の入ったものなども喜ばれた。現在もデルフトの土産物として、レンブランドの有名な人物像の顔やその部分、風車やオランダ風景画を描いたものが売れており、磁器ではなく陶器であるにもかかわらず、染付の皿、壺、タイル、碗、水注、アルバレロと呼ぶ筒型の薬壺などが焼き続けられている。

ヨーロッパの染付に見るシノワズリー

ヨーロッパにおける染付陶器はイタリア、スペイン等でも焼かれたが、十八世紀以来今日まで、北欧・デンマーク、ノルウェーなどで、彼らがブルーウエイブと呼ぶ唐草文の、アラベスク系と呼ばれる美しいカーブの蔓に小さな花を配した文様が伝統的に作り続けられている。日本人にとって特に親しみがあるのはロイヤル・コペンハーゲン*ではないだろうか。

マイセンやセーブル等、十八世紀の染付の唐草文や、ブルー・オニオン・デザイン、チューリップ・デザインなどは、中国・景徳鎮でもヨーロッパからの注文で描かれている。文様の中継をしたのはオランダ東インド会社で、その器形や文様を木型や紙に描いたスケッチ資料が、今もオランダ・デン・ハーグの古文書館に保存されている。遺物には、染付花瓶の首や皿に中国のオリジナルでない文様が残っている。

ロイヤル・コペンハーゲン
1775年、ジュリアン・マリー皇太后の援助で王室御用窯を開窯。75年には王立磁器窯となる。1868年からは民間経営に移った。器の裏の三本の波線が特徴。

染付東洋人物像文壺［18世紀初期　フランクフルト窯／ドイツ］

天使馬車飾［19世紀　マイセン窯／ドイツ］

パゴダ・ドール［ドイツ］

■世界のやきもの概念図

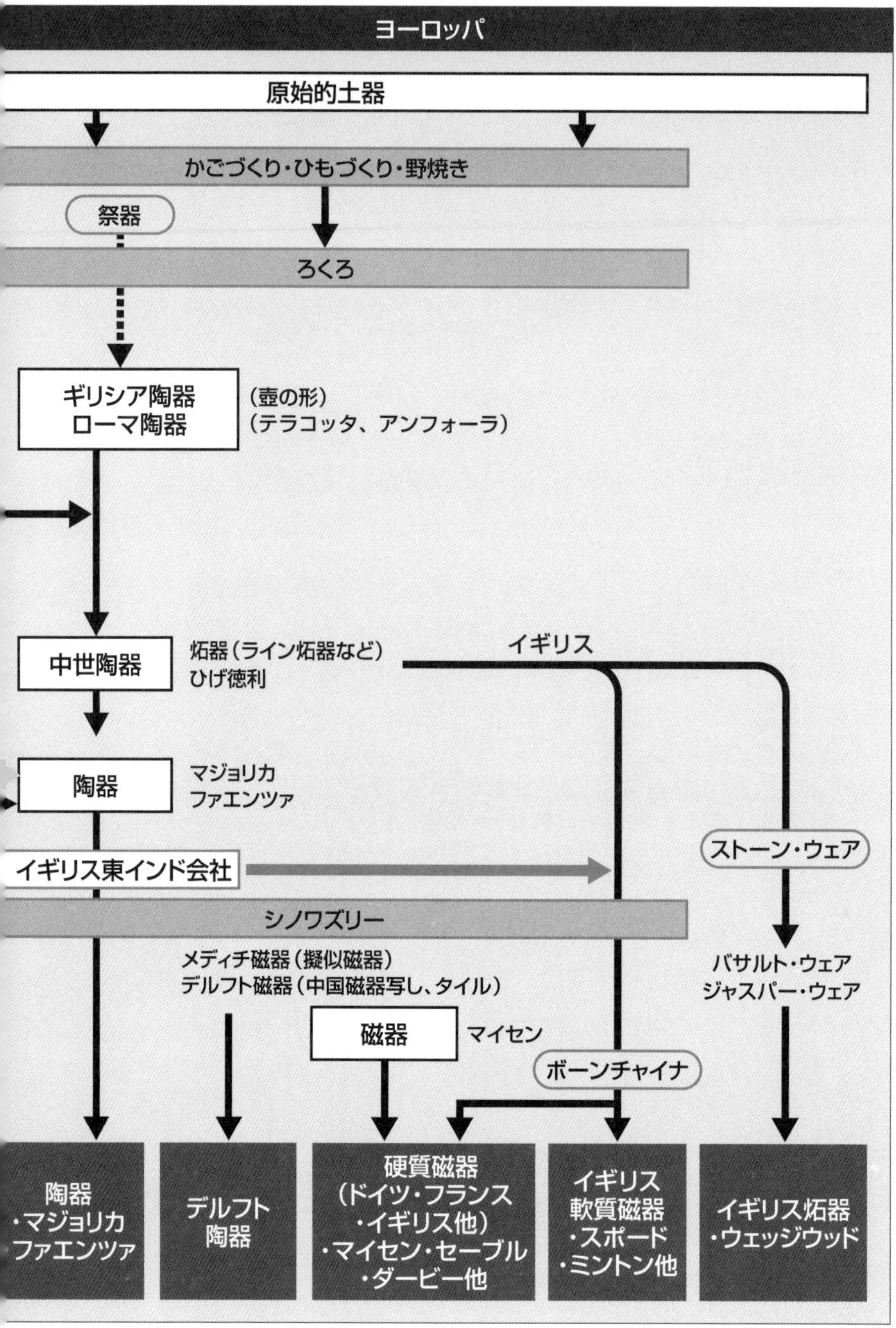
ヨーロッパ
原始的土器
かごづくり・ひもづくり・野焼き
祭器
ろくろ
ギリシア陶器
ローマ陶器
(壺の形)
(テラコッタ、アンフォーラ)
中世陶器
炻器(ライン炻器など)
ひげ徳利
イギリス
陶器
マジョリカ
ファエンツァ
ストーン・ウェア
イギリス東インド会社
シノワズリー
メディチ磁器(擬似磁器)
デルフト磁器(中国磁器写し、タイル)
バサルト・ウェア
ジャスパー・ウェア
磁器
マイセン
ボーンチャイナ
陶器
・マジョリカ
ファエンツァ
デルフト
陶器
硬質磁器
(ドイツ・フランス
・イギリス他)
・マイセン・セーブル
・ダービー他
イギリス
軟質磁器
・スポード
・ミントン他
イギリス炻器
・ウェッジウッド

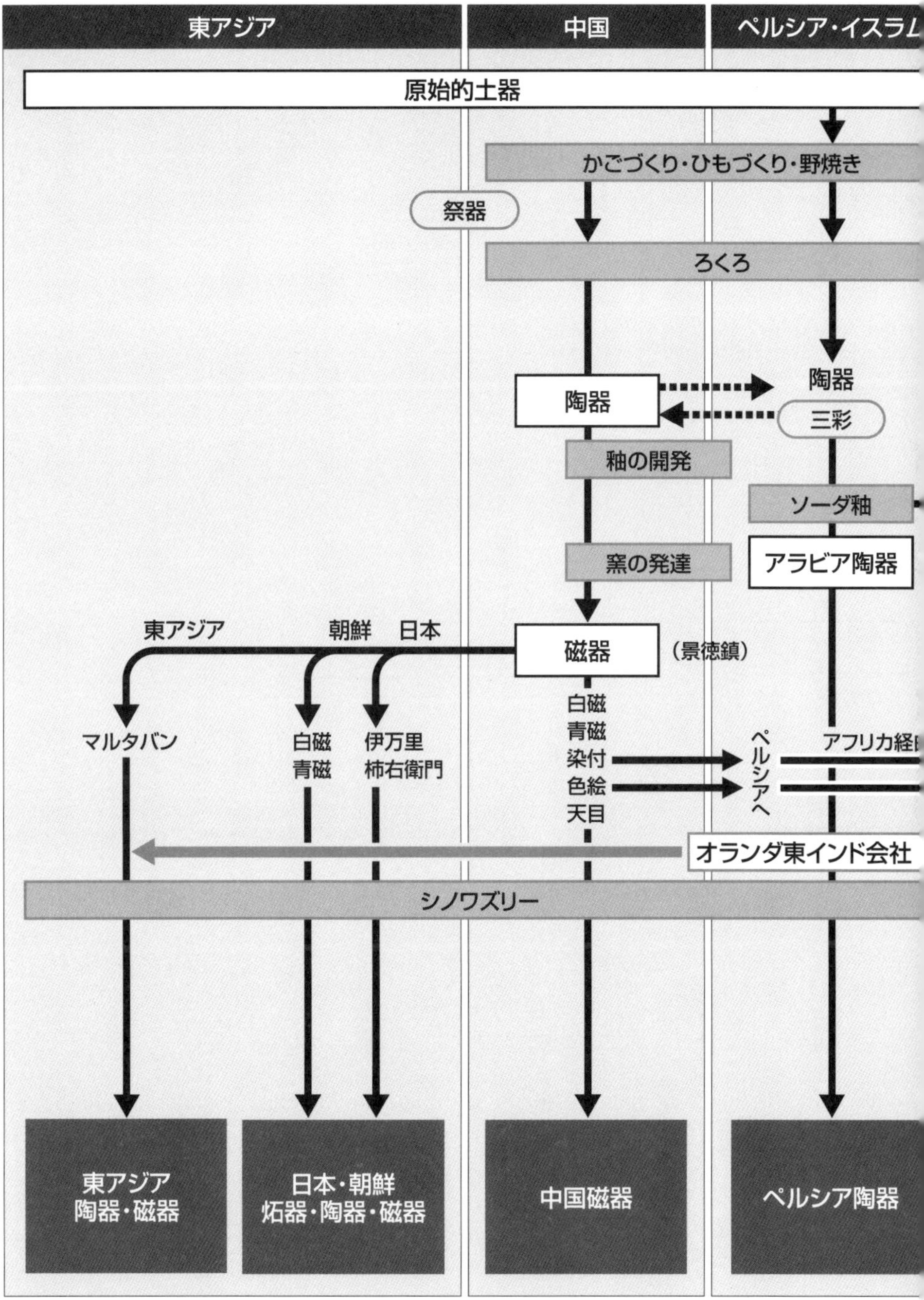
東アジア
中国
ペルシア・イスラム
原始的土器
かごづくり・ひもづくり・野焼き
祭器
ろくろ
陶器
陶器
三彩
釉の開発
ソーダ釉
窯の発達
アラビア陶器
東アジア
朝鮮
日本
磁器
(景徳鎮)
マルタバン
白磁
青磁
伊万里
柿右衛門
白磁
青磁
染付
色絵
天目
ペルシアへ
アフリカ経
オランダ東インド会社
シノワズリー
東アジア
陶器・磁器
日本・朝鮮
炻器・陶器・磁器
中国磁器
ペルシア陶器

例えば、オランダやマイセンに今も残るブルー・オニオン・デザインは、当時中国の牡丹や菊文様が原形だが、現物を知らないヨーロッパの人々は彼らの想像で玉葱（たまねぎ）とは程遠い文様を創造した。

またチューリップはその原産地はトルコであるが、オランダで大流行し、景徳鎮でそのチューリップの花文様を注文により描くのだが、中国人陶工は本物のチューリップを知らないので、単なる上下に花弁の広がる、むしろ牡丹唐草の牡丹の如き花を描いてヨーロッパに輸出した。ところがオランダのデルフトではその景徳鎮スタイルの染付の花をコピーするといった珍現象まで起こった。

イギリスのリバプールでウィロー・パターン*と通称する転写が盛んになった頃、シノワズリーを下地に柳と楼閣、眼鏡橋を渡って行く恋人達をテーマにした文様が十八世紀末から流行した。一九〇一年、ロンドンのサボイ劇場で「ザ・ウィロー・パターン」と題するオペレッタまで上演された。この文様は日本の「ノリタケ・チャイナ*」などで使用され、今でも時々そのカップ・アンド・ソーサーを眼にすることがある。

北欧では、道路標識や巡査さん、石造建築の並んだ各階の同じ大きさの窓の半球形のカバー・テントに染付風の藍と白のツートン・カラーが多く、また町のショー・ウィンドウのバックが白地に藍のブルーフラワー文の壁紙であるのをしばしば目にすることがある。風土的に寒いところなので暖色を欲するのではと考えがちだが、むしろ氷や雪そして青空、すなわち白と藍の染付風のツートン・カラ

ウィロー・パターン　柳・二羽の鳥・楼閣・橋・小舟のパターンが描かれた西洋皿をウィローと呼ぶ。中国の悲恋物語をテーマに描かれたといわれ、18世紀後半イギリスの銅板彫版師トーマス・ミントンがはじめに作ったとされる。

＊ノリタケカンパニーリミテド　日本を代表する高級陶磁器メーカー。1904年創立。「ノリタケチャイナ」は商標。

染付花鳥文六角形タイル
［15世紀中期　ダマスカス出土／シリア　ビクトリア&アルバート博物館］

染付グロテスク文変形平皿
［フェラット窯／イギリス］

ーが愛好される下地があるようだ。そこに、そこはかとしたシノワズリーへの楽しみを見出したのではないだろうか。

いずれにせよ、東西の社会の変遷とその時代時代の物資の交流・交易など、お互いがもつ社会背景の異質な要素が、その異なりゆえに引き合って美術史のうねりが発生する。よく調べると、西で見かけたものの根源が東にあり、東で流行するものが場所を変えて西で喜ばれている。しかも通信・物流・知能の交流、人間の移動がオンタイムにグローバル化してすべてが融合してしまうかの如く見える。

人種の異なり、風土の違い、背景にある社会や歴史を考えるということは、我々歴史に携わる者にとって大切な仕事であるかもしれない。

第六章　日本とベトナム、朝鮮半島

一六六二年、三〇〇年にわたった明朝が、北方の地に興った清の太祖に滅ぼされる。いつの時代もそうであるが、このように政権の変わる時期は国内の混乱に振り回されて、輸出用の焼物をのんびりと焼くことなどとてもできなくなる。

ところが中国磁器のマーケットは、すでに十六世紀以来、富を蓄え国力を充実させた中近東からヨーロッパにかけての諸国で確実に存在し、さらに多くの焼物を求めていた。しかし主役は十七世紀中期ごろには、かつて極東貿易で巨万の富を築いたアラビア商人から、オランダをはじめとするヨーロッパの国々に移っていた。

そこで、オランダ商人たちは、そのころ中国の影響で磁器生産を始めていた日本の九州、伊万里の窯を中国の景徳鎮のピンチヒッターにしようと、中国の陶工を日本に移住させ彼らの指導でニセ芙蓉手を作り、次々とヨーロッパの市場に送り込んだ。

つまり、伊万里での芙蓉手のいくつかは、作った場所こそ違え、同じく中国人の手によって作られたものもあったのである。

ただし、非常にユーモラスなことも起こった。中国ではもともと分業で焼物を作る。芙蓉手の場合、景徳鎮の絵付けは花・鳥・昆虫・獣・宝尽・人物文様などバラエティーに富んでいる。いずれも分業で、人物は人物のみ、鳥は鳥のみを描く職人がいる。中国から伊万里に来た絵付匠が分業の中で描いていたのが、イナゴと三匹の鳥だったため、伊万里の芙蓉手はイナゴと三羽の空を飛ぶ鳥の文様二

芙蓉手→p.68

染付花鳥文芙蓉手皿［17世紀中期　伊万里焼］

種に限定されてしまった。実は、この二つの文様が日本製の芙蓉手と中国製のものとを見分ける鍵である。戦乱の中国で職人をスカウトするとき、各分野のすべての職人をそろえることができなかったか、その仲立ちをしたオランダ人が絵付匠の人数をケチったのかもしれない。

いずれにしても日本の磁器生産は清王朝が成立する混乱に乗じて、景徳鎮の代替品として大いに発展することになる。その白羽の矢が当たったのが、李参平らによってすでにスタートしていた有田の磁器である。

日本の染付

日本に磁器をもたらした李参平

私たちは世界の中でも、最も染付を愛好してきたという自負がある。にもかかわらず、日本の染付の発生の歴史は思いもかけず遅れていた。

豊臣秀吉が朝鮮半島に出兵したのは文禄元年（一五九二）と慶長二年（一五九七）の二度であった。その出兵が日本の陶磁史に思わぬ重大事をもたらすことになった。

朝鮮に出かけた武士、肥前佐賀の藩祖・鍋島直蔵の家来・多久長門守安順に伴われた忠清道金江村の李参平*の陶工集団が日本にやってきた。

これが日本の磁器生産につながることとなる。

さらに、文禄四年（一六〇一）男女八〇名が日本に移住した。島津義弘に従っ

李参平　りさんぺい・イ サムピョン［?―1655］江戸初期の陶工。日本で初めて磁器の製作に成功。伊万里焼の祖。

伊万里焼の陳列［トプカピ・サライ 1965年撮影］

て来た、薩摩焼を始めた朴平意などもいる。また、佐世保市三川内で平戸焼の松浦藩御庭窯*を築いた巨関などもいた。文禄、慶長の十六世紀最晩年、日本と朝鮮半島はそれまで以上に、特に焼物で結ばれることとなった。

特に、李参平は日本への帰化人となり、古里の名をとって金ヶ江（かねがえ）姓を名乗り、有田の泉山にカオリンの磁石層を発見、日本における磁器生産の口火を切るなど、一介の陶工ではない各方面に秀でた才能の持ち主でもあった。

彼は当初、朝鮮半島で焼いていた磁器ではなく陶器風のものを焼いたが、窯場をあちこち移す間に、有田泉山に流れる川水の中に他の石とは異なった白く光る石塊を見つけ、その川を遡り泉山の磁石層を発見した。元和二年（一六六一）頃に泉山の天狗谷窯で磁器焼造を始め、これが日本の磁器生産のスタートとなった。

その後、それらの焼物は伊万里港から積み出されたので、有田焼と呼ぶよりも伊万里焼と通称された。

景徳鎮の代替地―伊万里

オランダは一六〇二年にオランダ東インド会社を築き、インドネシアのバタビア（今のジャカルタ）を東洋の基点として、香料などとともに中国磁器、それもヨーロッパ向けの染付を景徳鎮に発注し、大いに稼いでいた。ところがその生産地の雲行きが怪しくなり、万暦帝の後の天啓、崇禎の各王朝はますます下り坂をたどり、景徳鎮の生産はほとんどなくなって、一六四四年、明朝は滅ぶ。

一六五二年、オランダ東インド会社は一点の中国磁器をも手に入れることがで

御庭窯　江戸時代、藩主・家臣などが城内や邸内に茶器などを焼くために築いた小窯

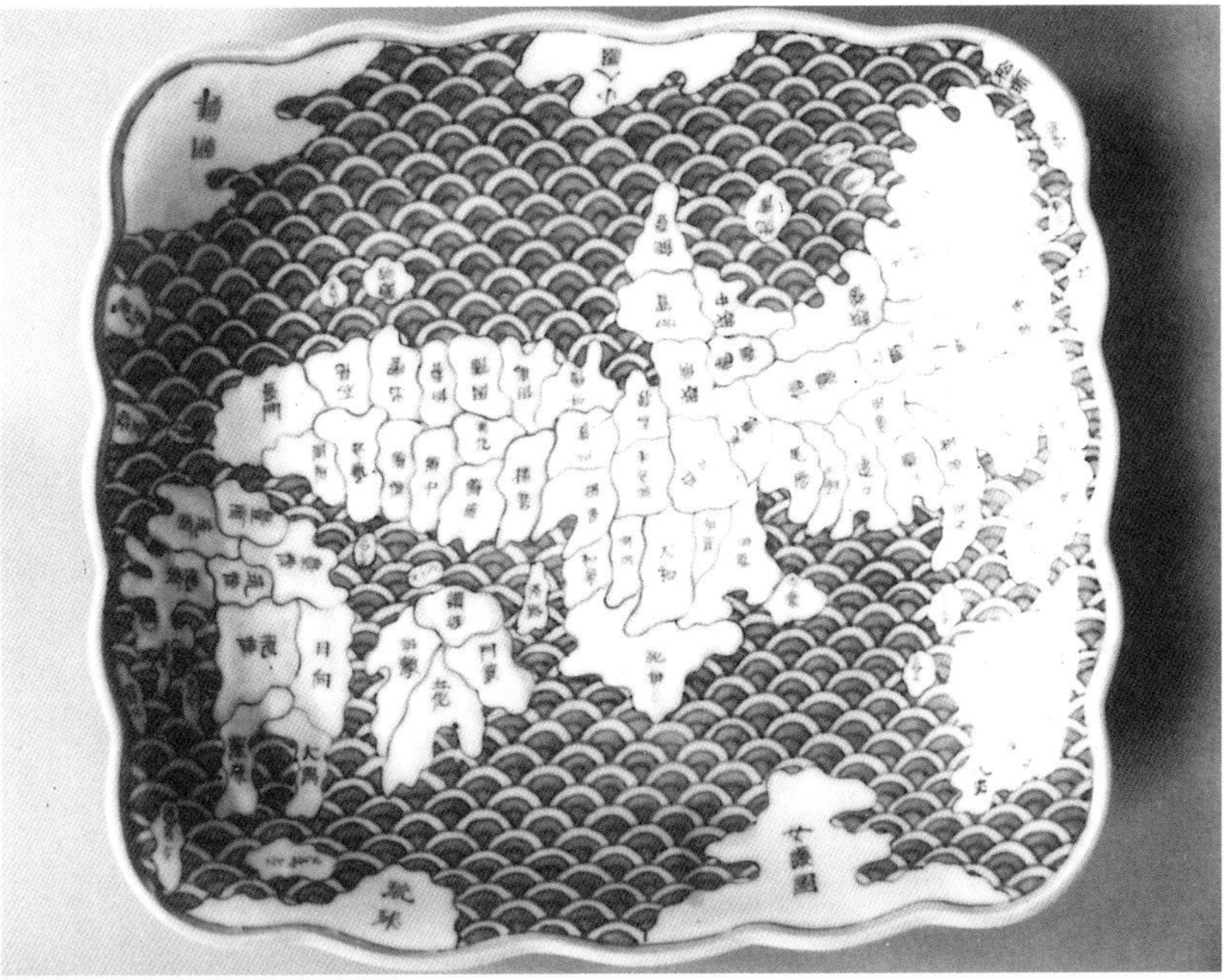

伊万里　日本地図をデザインした皿［天保］

日本の主な窯分布図

きなくなった。満州から下ってきて明朝を滅ぼした清朝のヌルハチは康熙帝*を名乗り中国を治めるが、景徳鎮はすぐには生産を復活できない。

そこでオランダ東インド会社が目をつけたのが、李参平以来勃興した伊万里の染付であった。それがやがて「イマリ」の名を世界語として広め、シノワズリーの後を追ってジャポニズムの流行の下地を作ることになるのである。

賢明なオランダ人は、かつて中国が陶工集団をベトナムのハノイやペルシアのイスファハンに家族ともども数百名ずつ送り込んだことがあるのを見習い、日本にも陶工の移動をサポートした。その結果、匣（さや）と呼ぶ窯の中で製品に直接灰その他が降りかからないようにする耐火性のある外被、その匣の形によってより多量の製品が焼けるようになった。朝鮮半島式から中国式に変えるなど日本の生産にも変化が現れたと私は考えている。

もちろん、日本には揚子江の河口付近から浙江省にかけての陶工も、潮流に乗って北九州に波状にやって来ていたことは間違いない。

おそらくヨーロッパのコレクターには、伊万里の焼物が中国の代替品であるとは見抜けなかったであろう。

初期の代表品の例は中央に鳥や花などを描き、四周に八つまたは六つの書き割を花や宝盡しとともに描いた「芙蓉手染付」が伊万里で焼かれた。八つの区分けは中国製が多く、六つの場合は日本製が多い。また、東インド会社のV・O・Cのマークが、中央に配されているものはほとんど日本製である。

康熙帝［1654−1722］
清の第四代皇帝。内政・外交につとめ清朝全盛期の基礎をつくる。

伊万里　柿右衛門様式色絵花卉文輪花鉢［18世紀］

鍋島　色絵牡丹文皿［17世紀］

伊万里　柿右衛門様式色絵花卉文輪花鉢［17世紀］

伊万里　柿右衛門様式色絵花卉文皿［17世紀］

明朝から清朝初期の過渡期は生産品が少ないことから、ヨーロッパのコレクターたちはトランジショナル・ペリオッドと呼んで非常に喜んでこの期の染付をコレクションする。しかしこの期も一六二〇年から一六八三年で終わり、清朝康熙時代に再び景徳鎮の生産が始まり、ヨーロッパ向けの貿易が再開される。

世界に名を馳せた「イマリ」

万治二年（一六五九）に紅海の入り口の北側、アラビア半島のモカにあったオランダ東インド会社の商館から「コーヒー・カップ（高台のないもの）三万五〇〇〇個、コーヒー・カップ（高台付きのもの）一万五〇〇〇個、碗または鉢六〇〇〇個、瓶（六リットル入り）一〇〇個、大皿六〇〇枚」と、大量注文があった。これが日本製染付の最初の取引であった。その後、日本の染付は、中国製品の品薄の間、オランダ東インド会社を経由して、大いにヨーロッパに輸出された。

十七、十八世紀、ヨーロッパでは王侯貴族がシノワズリーの名の下、陶磁の間の壁一面に飾りつけることが流行した。そのほとんどが中国のチナ・ハウスでありチン・ハーネであるが、日本の間も出来、しかも染付のみでなく色絵を使った柿右衛門手も歓迎された。その結果、日本の焼物は次々とヨーロッパに向け大量に輸出され、やがてマイセンをはじめヨーロッパで日本風の焼物を焼くようになる。

初代柿右衛門*は慶長元年（一五九六）生まれであるが、まず染付、次に色絵、金彩と努力を重ね、柿右衛門スタイルを確立するそして、正保三年（一六四六）

酒井田柿右衛門 [1596–1666]
江戸初期の陶工。肥前有田の生まれ。中国の磁器を学んで「赤絵」の絵付けに成功。国内および海外の焼き物に大きな影響を与えた。以後代々酒井田家の窯元は柿右衛門を名乗る。

1. 陶石の粉砕・土練り

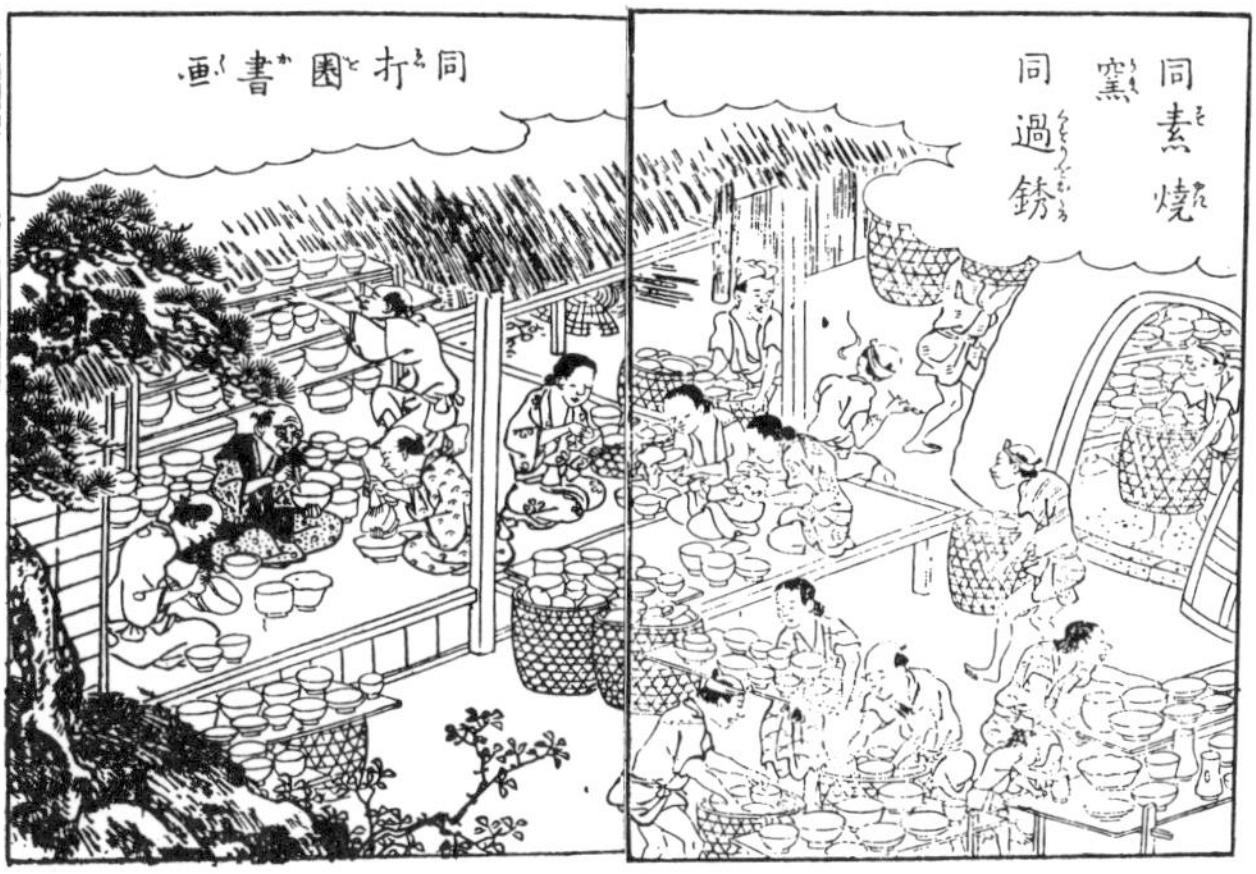

2. 素焼きの取り出し・釉薬かけ

3. 本窯

伊万里焼の生産工程
『日本山海名産図会』
（1754年刊）

に初めて海外に伊万里焼は輸出され、ヨーロッパで好評を得た。独特の赤い梅の花、藍の樹木や竹などを描いた柿右衛門手、それらすべてが有田焼であるが、その海外への輸出港の名を取って外国では伊万里焼と総称された。

中国景徳鎮が再び活気を取り戻しはしたが、中国製品の品薄期に人気のあった伊万里焼に目をつけた賢いオランダや中国の人たちは、中国製伊万里風の焼き物を焼いてヨーロッパのマーケットに輸出した。V・O・Cのインボイスに「ジャパニーズ・イマリ」との品名が記されているのを発見するのは、我々歴史的に文献をあさる日本人にとって楽しい事柄である。

伊万里のいろいろな使われ方

十七世紀の中国天啓染付をお手本にした日本の初期伊万里は豪快な雰囲気があり、それにつづく古伊万里*は十七世紀、中・後期にわたり膨大な量の染付を生産した。高級皿のみではなく、庶民の日常生活雑器に至るまで、伊万里で生産され、日本国内の磁器需要を一手に引き受け、現代に至るまで生産は続けられている。

当時大阪から京都の交通水路であった淀川の船の客人の使用に供するための「くらわんか茶碗*」と呼ぶ中碗の、少し厚く自由な筆使いの染付文様は、庶民性を反映している。同様に染付の幾千種類の文様を楽しげに施した「蕎麦猪口」など、今やもともとの蕎麦のためのだし液の容器ではなく、ややセミ・アンティークの茶碗として愛玩されている。時々町で見るそれらを扱う「古民芸」との名称など、三十数年前にはなかったのだが、店の陳列品には大・中・小、各種の文様

古伊万里　初期の伊万里焼。明治以後の新作品に対し、それ以前のものをもいう。

くらわんか茶碗　江戸時代に淀川で「酒くらわんか飯くらわんか」と売っていたところから名付けられた。伊万里焼、砥部焼であったのが、のちに古曽部焼も用いられた。

の古伊万里染付が樅（もみ）の木箱に十客、二十客、天保三年新調などなどと記されている。その中味はほとんどが伊万里染付である。

庶民の生活に密着した瀬戸の染付

さて、昭和初年（一九二九）生まれの私など、焼物、まして陶磁器というような言葉は子供の頃はまったく使わなかった。その私が陶磁器を研究しているのだから、まったく苦笑に堪えない。ではどのように呼んでいたのか、もっぱら「瀬戸物」である。祖母も母も「そこの瀬戸物取ってんか」「瀬戸もんは割れるさかい気付けや！」であった。やっと小学校の頃、愛知県の瀬戸で焼かれたので「瀬戸物」と呼ぶようになった。大量に生産され、全国に広がったので瀬戸の呼び名がその生産地名と重なったのであると、初めて教えられ少し納得がいった。小学校の教科書に、秋に実のついた柿の美しい色を見て柿右衛門がその色を出すのに大変苦労する話があった。でもそれが韓国系の磁器であり、それも九州の有田であることなどほとんど知らなかった。

年とともに、瀬戸物というのはほとんどが染付であり、庶民生活に最も深く根付いている焼物であることは、ふだんの生活の中で知ることができた。床の間にあるのは九州の伊万里焼であり、台所で毎日使用するのが瀬戸物である。その台所でも、正月や客人をもてなすときに使用するのは、倉から樅の木に十客とか二十客と記された皿などで、ものによると黄色の木綿の布で一枚ずつ包まれた上手のものは、ほとんどが有田焼即ち伊万里焼で、瀬戸物ではなかった。ただ、そのような生活用品を瀬戸物と呼ぶのは、畿内から東にかけてであり、中国地方から四国・九州ではもっぱら唐津物と呼ぶようである。

美濃平野、今の名古屋の東から北に広がる地域は、現代の染付磁器のみではなく、奈良時代から平安時代にかけて須恵器を大量生産した場所である。天白川流域から北方の丘陵地の、東西七キロ南北五キロに広がったところは、全国第一の須恵器窯跡群がある。猿投（さなげ）窯跡*は特に名高い。瀬戸には彼らが蛙目粘土（がいろめねんど）と呼ぶカオリン質の粘土があり、可塑性、収縮、乾燥強土が大きい。この磁土のおかげで、この地が焼物で栄えたのである。「がいろ」とはこの地方の方言で蛙をさす。粘土状に水簸（すいひ）した時、花崗岩の分解によって、一次カオリンが転位して蛙の目の如くなることから名づけた名称である。瀬戸の人たちは、その半透明の珪石粒を青蛙目、白蛙目、黒蛙目と分類して呼んでいる。

瀬戸、西加茂郡藤岡村、岐阜の土岐、三重県の阿山郡島ヶ原などが、花崗岩系の土質で、瀬戸物の材料となり、ここで作られる焼き物を総称して瀬戸物と呼んでいる。

また、室町時代に村田珠光を祖とする茶道が起こり、武野紹鴎*そして千利休*が禅の精神を取り入れて簡素・静寂を本体とする茶の湯による精神修養を旨とする一種の交際礼法が、武士や当時の僧侶の間に広がった。織田信長や豊臣秀吉が利休とともに茶道を広め、これが桃山・江戸、さらに現代に至るまで、日本の多く

猿投（さなげ）窯跡　奈良・平安時代の窯業地。灰釉・緑釉陶器を生産して都を中心に全国へ供給された。窯数は総数一千基を超えると推定される。愛知県中央部の猿投山西南。

村田珠光 →p.116

武野紹鴎（たけのじょうおう）[1502–1555] 室町末期の茶匠・富商。堺の人。村田珠光系の茶道を学び、侘（わ）びの境地を茶道の理想として小座敷の数寄屋を考案、千利休らに深い影響を与えた。

千利休（せんのりきゅう）[1522–1591] 安土桃山時代の茶人。名は宗易。堺の豪商の出身。村田珠光相伝の侘茶（わびちゃ）を武野紹鴎に学ぶ。茶器や諸道具に工夫をこらす。織田信長・豊臣秀吉に仕えたが秀吉の怒りに触れ自害。千家流茶道の開祖。

斑唐津 点斑文壺［16世紀］

仁清 瀬戸釉丸壺茶入［17世紀］

朝鮮唐津 一重口水指［16−17世紀］

備前 徳利 銘 年わすれ［16世紀］

萩 茶碗 銘 白雨［17世紀］

の人たちに深く浸透した。茶道では茶碗をはじめとする焼物が大きな位置を占めている。瀬戸の焼物でも茶陶と呼ぶにふさわしい、非常に日本的な焼物が好まれ、盛んに生産されるようになった。従って瀬戸には茶陶と日常雑器の二つのタイプが、車の両輪の如くあったことを認識しておかなければならない。

瀬戸の発展と加藤民吉

磁器染付に関しては瀬戸は非常に遅れており、加藤民吉（一七七二〜一八二四）の出現を待たなければならなかった。

加藤民吉は、江戸中期、安永元年の生まれで文政七年に亡くなっている。尾張の国、瀬戸の陶工・加藤吉左衛門景遠の次男である。瀬戸はその頃陶器を焼いており、まだ磁器を焼いていなかったので、どうしても有田に押され気味であった。そこで文化一年（一八〇四）、民吉を肥後の天草、肥前の三河内、さらに有田に一人で行かせる。その各地で製磁器の技法を研究し、四年後瀬戸に帰り、丸窯の改築をはじめ新製染付を完成させた。それをきっかけとして瀬戸の窯業は一新することになる。国守尾州家より上絵釉と酒肴料を受け、父吉左衛門、兄吉右衛門とともに苗字帯刀を許され、尾州家の染付御用達を命ぜられた。

本当に民吉ひとりによったか否かについて問題があるやに見る人もあるが、いずれにせよ、この期を境として、瀬戸が一大窯業センターとなったのである。

民吉の「享和尾製」「文化尾製」と染付の款したものが残されている。そして文化十三年（一八一六）の頃には、瀬戸・赤津・品野の三村で、窯数は二〇〇座

昔のまま保存した窯［瀬戸染付研修所］

瀬戸染付研修所入口　昔の窯場をそのまま保存している

研修生の作品陳列ギャラリー［瀬戸染付研修所］

となって隆盛期が訪れた。

また、明治六年ウィーンの万国博覧会、同三十三年パリーの万国博覧会には、瀬戸染付ならではの、寸法が大きく、しかも精緻な文様の施されたものを出品し、世界的にその位置を築くことになった。なお、近代化により伝統ある染付の技法が薄れつつあるのを憂え、瀬戸市は平成九年（一九九八）、「瀬戸市マルチメディア伝承工芸館―瀬戸染付研修所―」を設立し、全国的に研修生を募集、基本的な染付を修練し、伝統の育成につとめることや歴史的資料を保存し、染付センターの役割を果たしている。

日本人のヨーロッパ趣味

世界の多くの人達にとって、磁器はかつて中国のみで焼くことができたので、それに憧れ、回教圏の人々が中国の青磁や染付を壁いっぱいに飾り付け、シンボル・オブ・ステイタスともなったのだ。それが九世紀半ば以後のこと。やっと十六世紀になって、それ以前に地中海を経由してエジプトのカイロ等に届いていた中国染付がイタリアのメディチ家*その他で貴重視され、少しずつヨーロッパに輸入されていった。さらに十六、十七世紀にかけてメディチ・ポルセラインと呼ぶ染付陶器が焼かれたが、わずかの生産でしかなかった。ところが大航海時代以後、まずはポルトガル、続いてスペインやオランダが喜望峰を回航して、中国磁器、それもほとんどが染付を大量にヨーロッパにもたらすようになり、十七、十八世紀になって、シノワズリーと呼んだりチナ・マニアとも言う一大中国趣味がヨー

メディチ家　イタリアの富豪・政治家一族。14世紀から15世紀中頃にフィレンツェの実権を掌握。学問・芸術を保護しルネサンスに重要な役割を果たした。1737年断絶。

2階陳列室［瀬戸染付研修所］

染付花鳥図獅子鈕蓋付大飾壺
［川本桝吉（初代）作　1876年頃］

染付鶏図飾壺［加藤五助（四代作）19世紀後期］

瀬戸　染付祥瑞写し手桶水指［加藤民吉作　19世紀］

古瀬戸　天目茶碗［愛知県瀬戸市出土　15世紀］

ロッパ全土を包み込んだ。

そんな社会的大流行の中で、染付の中国磁器が彼らの蒐集の的となった。当初ヨーロッパ人にとって、中国こそは極東にある偉大な神秘の国であると夢見た、そのような何世紀にもわたる背景があったのである。

ヨーロッパで最初に磁器を焼いたのは一九〇七年、ザクセンのフリードリッヒ強権王の下、錬金術師ベドガーがマイセン窯においてのことであった。

それ以後今日に至るまで、マイセン窯の磁器の名は我々日本人にとっても憧れをもって親しまれてきた。

戦前のヨーロッパに駐在した外交官や日本の財閥系の人達の御宅には、必ずといっていいほどマイセンやフランスのセーブルの磁器があった。

そして四十年ばかり前から再び、日本の、特にご婦人方がマイセンのブルー・フラワーや、オニオン・デザインのディナーセットを揃えたいなどとコレクションすることが、ちょっとしたブームとなった。ロイヤル・ダルトン、ロイヤル・コペンハーゲン、そしてオランダのデルフト窯のものなどがセミ・アンティークとして扱われ、いつしか「西洋骨董美術商」なるものが東京や大阪等で開かれ、全国的にひろがった。

日本と朝鮮半島と中国の焼物

焼物の技法の伝播は、まず品物が動き、次に技術者、即ち陶工が移動する、しかも窯を築く場合は、彼らの古里に近い地形・風土のところが多い。中国東部、朝鮮半島、日本の周辺の地域は、海をその間に挟んでいる。海があるゆえに、それらの文化は伝わりにくいともいえるが、海を中間にして、それぞれ個性を持った文化が育ったとも言える。

日本と中国の場合は、奈良時代は、仏教とともに政治のあり方や都の設定のしかたまで、隋*・唐王朝に学んだ。ところが、次の平安時代には中国からの影響がやや鈍り、その間に日本は独自の文化を生み出している。

それと忘れてならないのは、中国と朝鮮半島そして日本の間にある大海原のもつ意味である。その海原の向こうに何があるのか、海は交流を遮断するものなのか、海こそは未知の世界との交流ができる自由な交通路であると考えるかで、その解釈は二つに分かれるであろう。

漁労を通して海に親しんできた人たちは、春夏秋冬の海の状況が異なり、そこには潮流や季節風があり、一年を通して東西、南北の流れがちょうど反対になることを身につけたのである。

すでに古代人も、春から夏に出て行った船は秋から冬にかけて、ちょうど反対になる風と潮に乗って帰ってくることを知っていたのである。

中国の揚子江の河口の付近から朝鮮半島南部の西海岸、または日本列島の北九州近辺に対馬海流が流れている。この潮の流れをうまく利用すると、我々が越州窯青磁*と呼ぶ、青磁の初歩的な青に少し褐色を混ぜた青磁が、九、十世紀に多量に生産された、その製品が、朝鮮半島西岸から北九州に運ばれたことは頷かれる

隋（581–618）北周の楊堅（文帝）が開いた。首都長安（今の西安）。大運河建設は経済・文化の南北交流を促進した。

越州青磁　越州（今の紹興・寧波一帯）で製造された陶磁器。宋代、陶磁器の最高峰として皇帝の用に供せられた。オリーブ色や灰色がかった青緑色が基調。

であろう。しかも陶工の移動もあったことの証拠として、朝鮮半島中部の全羅南道、全羅北道に類似した青磁が定着した。

天竜寺青磁と砧青磁

京都の北西のはずれ嵯峨にある天竜寺は、足利尊氏*が後醍醐天皇の冥福を祈るために建立した寺である。その造営費をまかなったのが中国との貿易であり、その天竜寺船で運んだ青磁が天竜寺青磁である。その当時龍泉窯で焼かれた青磁の量は大変多かった。特に南宋時代から龍泉窯青磁の輸出が増加した。*宋時代のものでひとランク上のしっとりした青白色の青磁を日本では「砧青磁（きぬたせいじ）」と呼び、元時代および明初期のちょうど十四、五世紀のものでやや緑っぽくなった厚みのある青磁が天竜寺青磁である。

砧青磁は鎌倉・室町時代、十三世紀より中国からもたらされる貴重なものとして愛玩され、鎌倉や京都の寺院で宝物としてみなされ保存し、高貴の人達の墓に副葬品として埋められた。鎌倉の材木座の海岸では砧青磁の破片が採集できるといった歴史的な傍証がある。それらが注目され始めたのは昭和初年のことであった。ところが太平洋戦争後、日本における考古学の発展とともに、北九州博多を中心とする地域、瀬戸内の草戸千軒遺跡*をはじめ大阪湾に面した堺その他の繁栄した都会跡の考古発掘が進むにつれて、大量の龍泉青磁がすでに日本にもたれされていたことが明らかとなってきた。

足利尊氏　[1305–1358]　室町幕府の初代将軍

＊南宋時代中期、粉青色の釉が厚く滑らかに掛けられた美しい青磁は、国内向け日常雑器から海外向けの優れた作品まで多くつくられた。

草戸千軒遺跡　草戸千軒町遺跡。平安時代末から鎌倉時代・室町時代まで栄えた地方港湾都市の遺跡。広島県福山市。輸入陶磁器、貨幣、遊具など数十万点が発見された。

青磁　酒海壺　新安沖引揚げ［13–14世紀　龍泉窯］

青磁　龍浮彫文瓶　新安沖引揚げ［13–14世紀　龍泉窯］

青磁　尊形瓶　新安沖引揚げ［13–14世紀　龍泉窯］

ベトナムの染付―安南染付

中国の染付を最も早く、その傘の下で生産を始めたのはベトナムであった。およそ十五世紀中期のことである。「安南染付」という名称で我々の時代は親しんできたのであるが、近年は、その生産がハノイ周辺のベトナムであることから「ベトナム染付」と学術的には記されることが多くなった。ただ私なども研究書にはベトナムの名称を記すのだが、お茶人たちはそのあまりにも雰囲気のなさに、この呼び名にクレームをつけるので「ベトナム染付、通称安南染付」と記すようにしている。

安南という名は、唐王朝*の六七九年、安南都護府*を設けて辺境の地の守りに備えたことに始まっている。もう少し遡ると、紀元一世紀ベトナムの地は中国の勢力圏となり、その後十世紀には独立する。ベトナム・ラオス・カンボジアなどは中国文化圏の中にあり、衣・食・住の柱となっているのは中国文化の地方的変化であるとも言える。

同様に、陶磁の世界においてもベトナムの焼物は中国の地方窯の生産品であると見ると、中国の焼物とベトナムの焼物との違いはそれほど一線を画することではなく、「中国文化の傘の下にある」ことが非常にスムーズに理解できる。

あの広い中国を東西に文化そして風土の面からその違いを見るよりも、南北のほうが同系の文化や風土の類似を感じる。

唐（618–907）李淵（高祖）が建てた統一王朝。都は長安。律令制度が整備され、政治・文化が発展を遂げて当時世界の一大文明国となった。日本も遣唐使を派遣して文物・制度を導入した。

都護府 辺境警備や占領政策のために置かれた軍事経略機関。漢代にも置かれたが一般には唐代のものをさす。安東・安西・安南・安北の都護府のほかに北庭・単于（ぜんう）の都護府を設置した。

交易ルート

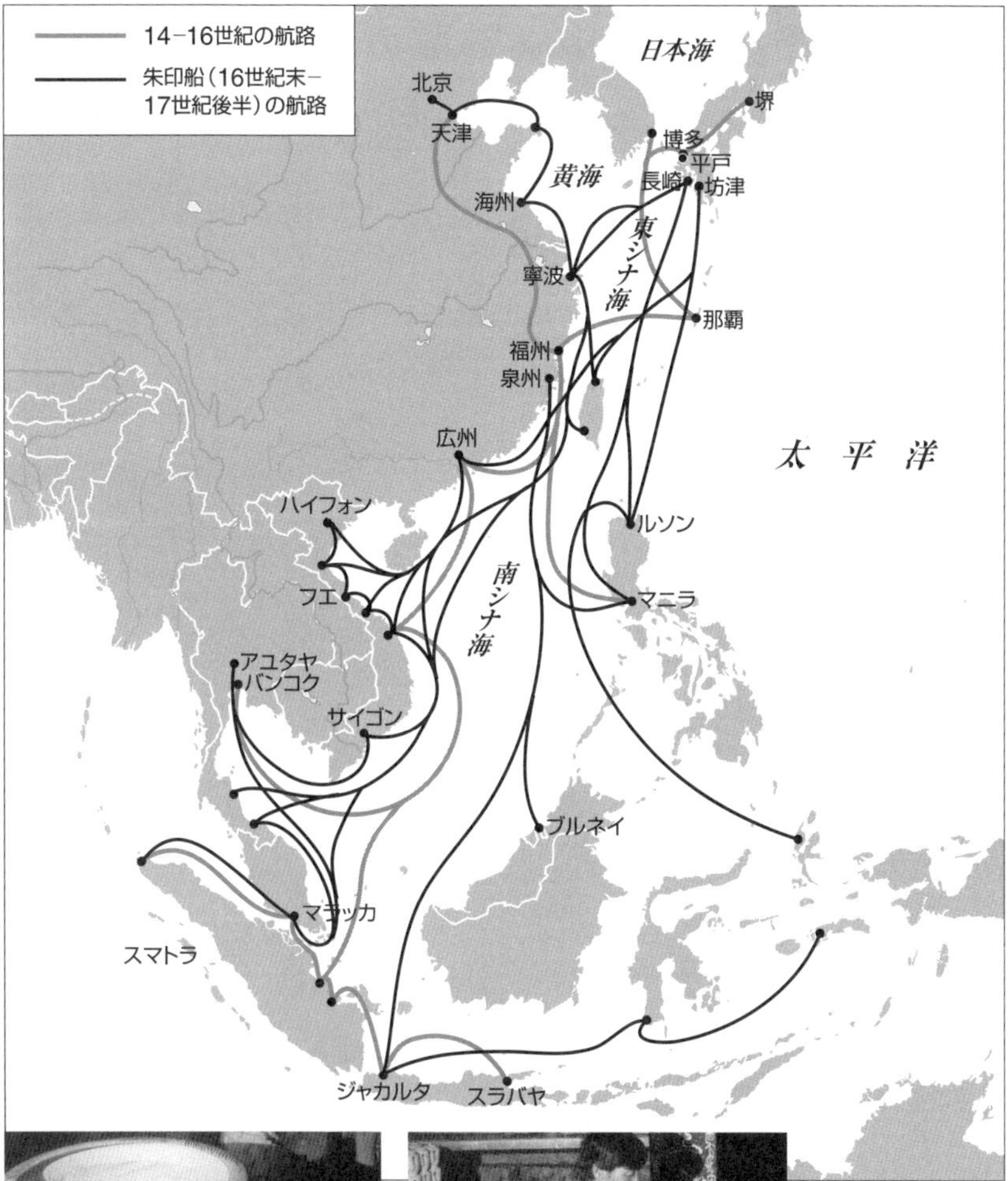

彩色をする少女［ベトナム］

バットチャンの陶工［ベトナム］

確かに安南の焼物は半磁胎*だが、陶磁器の基本となる窯、轆轤成形、そして筆による藍色の文様の施しは、中国と変わらない。

龍泉青磁の浙江省とは海岸続きで、海上交易で古い歴史をもつ福建省・広東省などとは海を介して親しい交流のあった海域である。

ハノイは雲南省に源をもつソンコイ川の下流の三角地帯の要であり、ハイホン港がその外港である。この地理的な条件は、中国大陸の大河やインドのガンジス川、エジプトのナイル川とほとんど同じである。中央アジア経由雲南へ、そしてソンコイ川を経由してベトナムに広がる青銅器のドンソン*文化など、古代よりの東西文化交流の姿を伝えてくれる。

明朝衰退期の代替品

さて、安南染付の発生について、面白い発見をされたのは、ロンドンのビクトリア・アンド・アルバート博物館のジョン・ガイ氏であった。

中国のみならず世界的によい焼物を生産したのは国家が隆盛である時期で、特に官窯と称する、宮廷で使用する焼物は、その時々の皇帝が陶磁器に深い関心をもち、潤沢な経済的後援をしたればこそ、良質のものが生産された。ところが、中国陶磁史に関し、中国人自身がいささか恥ずかしそうに、あの時代は明朝、特に景徳鎮の衰退期ですよ、と表現する時期がある。正統・景泰・天順（一四三五～六五）の三十年間、政府は宦官*に牛耳られ、皇帝も良き政治ができなかった。したがって景徳鎮でも生産品の質は低下した。そのような時中国でしばしば取る

半磁胎　磁器と陶器の中間的な焼き物

ドンソン　ベトナム北部タンホア近くにある紀元前後の数世紀間、青銅器・鉄器時代の遺跡。特に銅鼓はドンソン文化を代表する遺物。

宦官　東洋諸国で後宮に奉仕した去勢男子の小吏。元来は宮刑に処された者を採用したが後志望者も任用した。

手段として「海禁令」と称して海外との交易を禁止する法令があり、この時期も海禁令を出し、国益を内蔵することとした。

ところがその当時、中国染付の輸出先としてインドネシアのシュリーヴィジャヤ王国*では中国染付の購入が大量にあり、回民と称する回教系の商人はそれにより利益を上げていた。その商品が中国から手に入らなくなった。そこで考えたのは、ハノイ周辺で中国染付風の製品を作ることであった。代替品と呼ぶといささか聞こえはよいが、偽物を作り文様もできるだけ主として元染付風のものとした。その大切な資料となるのが、遠くトルコのトプカピ・コレクションにある高さ五四・九センチの天球瓶である。胴の中央には牡丹唐草文が堂々と描かれ、その肩に「大和八年匠人南策州裴氏戯筆」との銘が入っている。大和八年は西暦一四五〇年にあたる。ちょうど元染付の隆盛期、デビッド・バースの至正十一年銘、一三五一年から百年の後のことである。

この安南染付の勃興が中国の海禁令のおかげで起こったのである。その歴史の波を見つけられたのがジョン・ガイ氏であった。

しかも安南染付の優品は、ハノイにはほとんどなく、インドネシア・ジャカルタにある国立博物館*のデフリース・コレクションとして保存・陳列されている。彼は太平洋戦争以前、インドネシアがオランダの植民地時代、精力的に中国陶磁を彼の地で蒐集された。

安南染付はやや胎土が柔らかいので、コバルトを良く染み込んで、白地との境

シュリービジャヤ王国　7～14世紀にスマトラ島のパレンバンを中心に栄えた通商国家。中国・インドと交易。

インドネシア国立博物館　1778年開設。ボロブドールから発掘された数多くの石仏や、中国を中心とする各国の陶磁器類などが展示されている。

界線が甘くやや滲みがちである。そのような風情を日本人は愛好し、安南染付を楽しむ人は多い。しかも皿や碗の裏は「紅（べに）をさす」と我々がよぶ赤茶褐色の色が施されている。おそらく焼物よりも金属的な雰囲気を出そうとしたのであろう。

染付は中国よりベトナムが先

今一つ、染付が中国とベトナムとでいずれのほうが古いか、即ちその発生についての論議が昔からあった。ところが、先の章でもふれたが、一九八一年インドネシア・ジャワ島の北岸トバンで一隻の沈没船が見つかり、数多くの中国磁器、青磁をはじめ初期的な染付が水中から取り出された。その仲間にベトナム製の中央に花柄を描いた碗がいくつかあり、その同じ文様が鉄絵の黒色のものと染付の藍色のものが同時に引揚げられた。その形、筆による花文様はほとんど同じ窯で焼かれたことを示している。その藍色はペルシアからもたらされた明るい回青である。この沈没船のほかのものから推測して、韓国・新安沖で沈没したジャンクの載荷と非常に似ている。しかも一三二四年という、沈没時期を示す年号のある木札の韓国における発見と照らし合わせると、トバンの船荷もおそらくあまり離れた時期の沈没とは考えられない。しかも新安のほうには、染付は一点もなく、トバンのほうには中国製、ベトナム製の初期的な染付があることを基礎として考えると、おそらくベトナムでまず鉄絵で文様を施していたが、ペルシアから海路中国に運ばれたコバルト、即ち回青の一部がベトナムに輸入され、鉄絵とともに

染付龍貼花文瓶［17世紀　安南］

青磁印花文碗［14世紀　安南］

染付文様も描き始められたのであろうと推定できる。

技法は中国風であるが、藍の発色はきわめて明るく、中国よりも早く、ここベトナムで染付が始まったと言えそうである。

ある時期まではベトナム、即ち安南染付、安南青磁など中国の地方窯的なものとみなされていたのであったが、このトバンの一括品として海中から引揚げられた品々によって、ペルシアのコバルトの使用は、ベトナムのほうが海上ルートとしては早く導入されたと考えるようになった。

李朝染付

我々日本人は朝鮮半島を経由して、須恵器に始まり、六古窯が代表する備前、丹波、信楽、越前、瀬戸、常滑など、多くの炻器、そして青磁、白磁、染付と、中国系の陶磁器やその生産技法を学んできた。この朝鮮半島もまた、中国文化の傘の下で政治・文学・宗教・文化が発達した。

とは言え、中国とは異なって味わいある焼物を作ったところにその特徴があると言ってもよいだろう。

朝鮮半島と中国の場合、渤海湾や黄海を挟み、半島北部も陸続きであるから、中国文化の流入は日本よりはるかに自由であり容易であった。したがって陶磁の技法の伝わり方も、中国と日本の場合と比べ、はるかに近い。

朝鮮半島の青磁は中国と比べ、窯全体の構造が中国の龍泉窯などよりもいささ

中国・日本・ペルシア　各地の破片

高麗青磁　新安沖引揚遺物の展示

青磁有環双耳瓶　新安沖引揚遺物の展示

か小さく、器物の前と後が完全に同色には上がらないとか、焼成温度の違いもあり、そのほとんどが墓の副葬品であるので、土の中で土銹(どしゅう)と呼ぶ釉薬の上のクラック*や胎土全体が土と水分のために変色をおこすことが多い。それは青磁のみではなく、次の時代に現れる白磁や染付においても同様であるが、部分的に容器全体と同じ色調でないものがある。

ただし私たちが高麗青磁*と呼ぶ十二、十三世紀のものにはきわめて美しい青磁色の発色をしたものや、中国にはなかった、まずボディの上に鶴や雲、また唐草文を印彫し、その凹部に白色と少量の黒色を詰めて、その上に青磁釉を施すといった象嵌青磁を焼き、朝鮮半島ならではの秀品を生産した。

高麗時代(九一八〜一三九二)は仏教を国家の宗教としていたが、李成桂*が一三九二年に李王朝を打ちたてると、儒教を国教とした。

このことは焼物に強く影響し、清廉さを重視して、祭器から庶民の生活用品にいたるまで白磁を貴ぶようになった。そして派手な色絵は排斥され、今日も生産はされていない。

朝鮮半島には良質のカオリンが採集できることから、白磁の生産は非常にスムーズに進んだといえる。また、燃料となる松も豊かであった。もちろん、登り窯で起伏の多い山脈があり、その山襞が窯を築くのに良好な傾斜を用意した。次に必要なのは、窯仕事に必要な水場であり、重い生産品の運送である。それらの諸条件にかなった場所はソウルの南端に流れ込む漢江の上流広州であった。伐乙川

クラック 釉薬と素地の収縮率の違いにより生じた釉のヒビ

高麗青磁 朝鮮、高麗時代につくられた青磁。9世紀から10世紀にかけて浙江省の越州窯の陶工が海を渡って伝えたとされる。高麗翡色と呼ぶ美しい釉色と優美な文様装飾が特徴。

李成桂(りせいけい・イゾンゲ)[1335−1408] 李氏朝鮮初代国王。朝鮮半島東北部出身の武人。倭寇討伐に活躍して1388年政権を掌握。92年高麗を滅ぼし即位。

染付の鉢に描かれた中国の港［16世紀　アルデビル・コレクション］

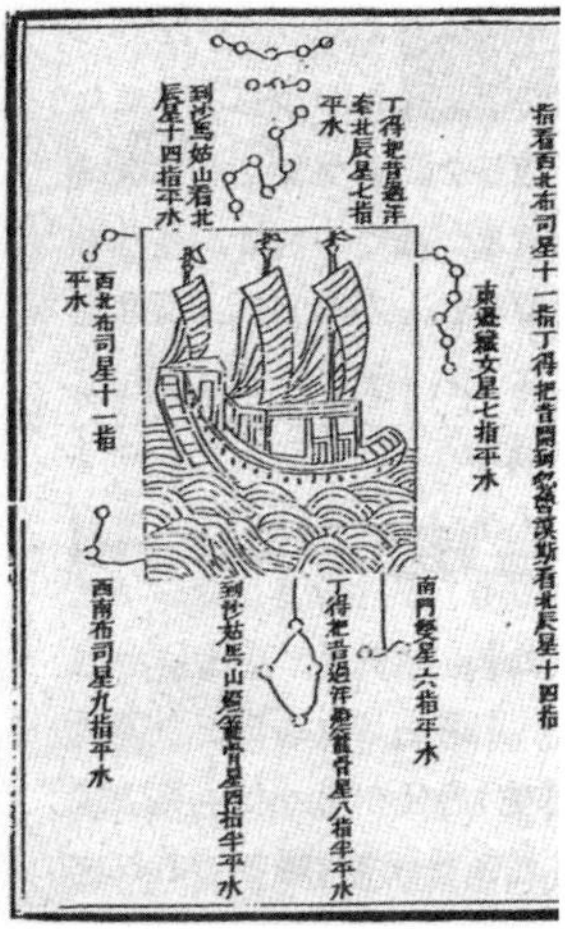

鄭和の海洋牽星図

華文瓢形扁壺［明・宣徳　景徳鎮窯　上海博物館蔵］

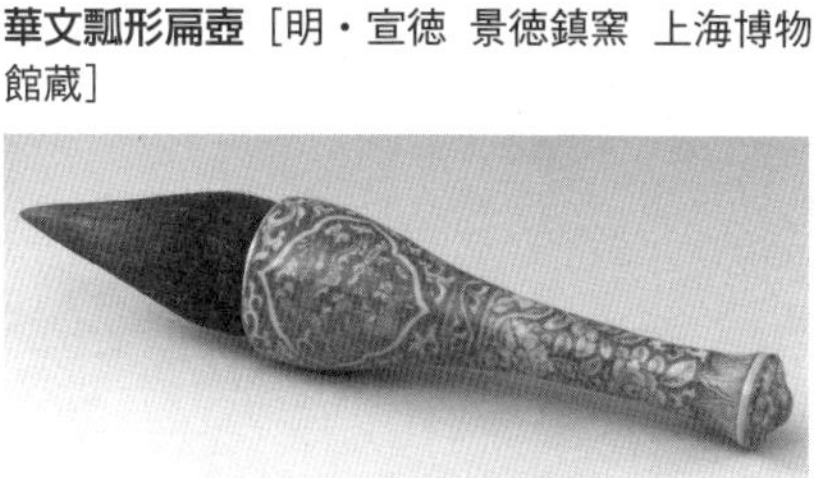

染付雲龍文筆［明・万暦　景徳鎮窯　上海博物館蔵］

染付鳳首扁壺［元　14世紀中期］

青磁荷葉蓋付大壺［元　江蘇省溧水県博物館蔵］

とよぶ二股に分かれたその地域に沿って次々と窯が築かれた。「分院」と呼ぶ官窯もこの地にある。

李朝の文人・成俔（一四三九〜一五〇四）が記した『慵斉叢話』の一節に、

人の使用する焼物はすべからく白土をもちい細かく製造し焼成した、その後に使用できる。地方の各道でも多く磁器を造るところがあるが、高霊で造るものがもっとも精巧である。特に広州製のものが非常に精緻で他のものよりすぐれている。毎年、司甕院の官吏を左右の川に分かれて派遣させ、それぞれ画（書）吏を引き連れている。春から秋にかけてそれら監督官のもとで製造し、御府に送り届けられる。

とあり、当時のこの地の窯業が政府の監理の下にあったことがよく理解できる。

朝鮮半島の染付

白磁が焼けると次に欲せられるのは染付である。もちろん最初の頃は中国で焼き上がったものを輸入していたが、次第に自分たちの手でも染付を焼こうとするのであるが、その前後のことが、同じ『慵斉叢話』に引き続き記されている。

世宗朝の御器には白磁が専用されたが、世祖朝になると彩磁（青花白磁）も併用されるようになった。彩器は中国から求めた回回青で作ったもので、画樽、罍盃觴などを作ったが、中国に引けをとらなかった。しかしながら、回回青は中国にも希少なために多量に入手することは難しく……土青もまた入手困難なために、わが国にも画磁器が多くない。

とあり、ペルシアのコバルトが、李朝染付に使用されていたことが明らかである。ここで土青とあるのは中国産のコバルトで、おそらく浙江や福建省などで採集できる唐呉須を指しているのであろう。

また、彼らが自身でコバルト探しに力を入れたことが『世祖実録』十年（一四六五）八月に記されている。

> 全羅道の敬差官、丘至銅が順天府で採集した回回青に似た石を使って燔造した画沙器と康津県で採集した青鉄を進上した。

とあり、引き続き同書の睿宗元年（一四六九）十月には、全羅道の観察使に、

> 康津産の回回青を試験したところ、中に良質のものがあった。よって観察使が直接沙器燔造に立会い、回回青に似た沙土を使って青花白磁を試造し、その報告をするように。また邑人の中で回回青の青彩色を発見した者は官吏に登用し、厚く賞する旨を全羅道はもちろん全国に知らしめように。

とあり、彼らのコバルト探しに対する熱意がうかがえる。さらに成宗八年（一四七七）には、

> 中国画器（青花白磁）の輸入を国法で禁じたにもかかわらず、士大夫家では大小宴に画器でないと目もくれないなど、奢侈の風潮極に達したので、画磁器の流入、使用を一切禁ずる。

とあり、時代はさらに下るが、光海君十年（一六一八）には、

> 王室の宴礼に使用する青花白磁がなかったので仮画を使用する

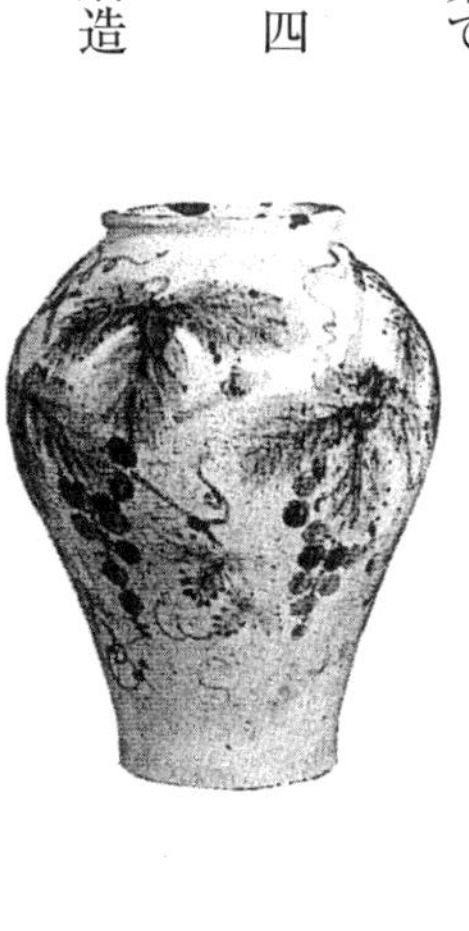

鉄砂染付葡萄文壺　李氏朝鮮17世紀　日本民藝館蔵

という文献が示すのは、未だ彼らの手で染付が手に入り自由に焼けなかったことを指している。

また、その貴重な中国染付を不正に手に入れようとした官吏と思われる人物のいたことが、仁祖二十六年（一六四八）六月の章に記されている。

　中国使臣の接待には沙器二〇〇余竹（一竹は十個）が使われるが、使用後変換される数は破損、紛失などのためわずか四、五〇竹にすぎない。その上壊された竜樽一双を返還してきた者がある。担当者は法により厳罰に処すべきである。

とある。

それらの非常に興味ある資料を探し出されたのは、韓国中央博物館*長の鄭良謨先生で、その論文を目にした時は、中国染付磁器が当時いかに大切にされ、また、それゆえの役人の不正があったかを、興味深く感心しつつ読ませていただいた。

さて、このようにしてスタートした李朝染付であるが、その後の庶民的染付は、思いもかけず日本人の心をとらえることになる。

しかもカオリンの採掘が貧弱であったゆえの薄い藍色の染付、いかにも美しい花と言うのには目立たない秋草、彼らの民族性を反映しているとしか表現のしようがない、どの容器も決して定規を引いたようには作られていない品々、そしてどの球形の壺も前後左右どちらかに傾いている。そのような李朝染付が「侘び・

韓国中央博物館　1908年朝鮮皇室博物館として開設。建物は植民地時代に朝鮮総督部として使用されたが、戦争が終わると同時に国立博物館として開館。所蔵遺物は古代遺跡からの出土品、陶磁器、仏教美術など13万余点。2005年には移転して龍山家族公園内に新しくオープンする予定。

天目釉百合口瓶［宋 12世紀 磁州窯］

河南天目草花文壺［宋 磁州窯系］

白覆輪油滴天目碗［宋 磁州窯系］

木の葉天目茶碗［宋 12世紀 吉州窯］

曜変天目茶碗（通称稲葉天目）［宋 13世紀 建窯 静嘉堂文庫蔵］

寂び」を愛する日本人の心の琴線に触れるところがあった。

時々このような表現をするのであるが、羽織袴の裃を身に着けた武士と対峙するのが中国の官窯であれば、庶民の気楽な、身軽な雰囲気のあるのが李朝染付の良さであると、私は思っている。

終章　私とやきもの

染付との出会い

私が中国の焼物に興味を覚えたのは太平洋戦争が終わった昭和二十年（一九四五）の頃であった。

戦後の最初の正倉院展*が奈良の国立博物館で開かれた。冷雨の中、何時間も並んで見に行った。とても感激し、日本を勉強するにはやはり中国を勉強せねばと強く思った。それ以来中国の文化、とくに焼物の世界の虜となり、帰る道を見失ったとさえ思うことがある。

ただ、中国の焼物、しかも青磁や白磁ではなく「染付」に的を絞ったおかげで思わぬ展開になった。染付は、複製されたものも含めて世界中にもっとも広く分布している。どこに行っても私の研究対象には事欠かないという幸運に恵まれた。

私は中国陶磁器、それも伝世品として日本で代々お宝として保存されたものよりも、中国の墳墓や考古遺跡から次々と出土するものに心をひかれていった。

やっと、これは唐時代の三彩*だとか、これは宋時代の景徳鎮の物だよ、この色彩的な物は明時代の赤絵だと教えられ、それらの知識が身につき始めた頃、

「いや、元というのは皆が知る如く野蛮な部族であり、元王朝はわずか百年（一二七一～一三六八年）、中央アジアからヨーロッパの西端まで遠征をしたが、その途中あらゆる殺戮を繰り返し、都市やそこに栄えた文化を破壊した。したがって中国陶磁史の黄金時代という宋時代、あれほど多くあった名窯も次々と壊し

正倉院　奈良市東大寺大仏殿の北西にある高床建築の倉。聖武天皇の遺品や東西文化交流を示す仏具・調度類など各種の美術品を収めている。

三彩　盛唐期の唐三彩に始まる低火度溶融の釉を用いた陶器。3色とは限らない。日本でも古く奈良三彩がある。イスラム陶器などにも類似のものがある。

駱駝　黄釉加彩
［唐　昭陵博物館蔵］

三彩駱駝載楽俑
［唐　陝西歴史博物館蔵］

てしまい、元時代こそはまさに暗黒時代、見るべき焼物は何も残っていない」

これが当時私が耳にしたところであった。

まさか染付の発生がこの元時代にあって、それらが遠くエジプトやイスタンブールの中近東にまで、海路をたどり運ばれていたとは想像だにしていなかった。

「海のシルク・ロード」の命名

中近東の各地の遺跡で中国磁器の破片が出土し、トプカピ・サライに一万二千点の中国磁器、イランのアルデビルにも千点の中国磁器コレクションがあることを知り、この目で確かめたいと現地に赴いた。そこにはまぎれもなく元の染付が大量に存在していた。

あるとき、ふと「いったいこれほどの磁器がどのようにして運ばれてきたのだろうか」という疑問が浮かんだ。まず頭に浮かんだのは、高等学校の東洋史の時に教えられた、中央アジアを横断する交易ルートを、中国の特産品である絹がラクダの背に積まれ運ばれた陸路であった。

十九世紀末から二十世紀初頭、それまで中国清朝の領境であったが、中央アジアに対し、イギリス、ロシア、ドイツ、フランスの学者や軍人の遠征が、半ば探検として次々と繰り出された。

その中の一人、ドイツの著名な学者リヒトホーフェン*が、絹を運んだことに因ませて、中央アジアの中部の交易路にドイツ語で「ザイテン・シュトラッセ」と

フェルディナンド・フォン・リヒトホーフェン [1833–1905] 地理学者。1868〜72年、カリフォルニアや中国本土の調査旅行を行う。著書『中国』(全7巻)など。

いう名称をつけた。日本では「絹街道」と呼び、英語では「シルク・ロード」、中国語では「絲綢之路」と、後には称するのであるが、近年日本では、耳に心地よい英語の「シルク・ロード」が定着するようになった。しかもいつしか東西交流を幅広く含めた代表的な名称となり、例えば日本の正倉院を「シルク・ロードの終着点」とさえ呼ぶようになった。

トプカピ・サライの中国磁器コレクションも、中央アジアをラクダの背に載せられ、はるばると運ばれた可能性を考えてみた。

ところが、小さな茶碗や瓶はともかく一メートルを超す大壺や大皿がある。いったいどのようにしてラクダの背に荷造りし、どれほどの数が運べるだろうか。それにラクダのキャラバンは朝な夕な、その荷物を背に載せ背から降ろすという作業がある。絹の如く軽くやわらかく、商品価値の高いものはよいが、割れやすい磁器の運送にはどうも適していない。そこで一つの可能性として、時間はかかるが海路、船に載せて運んだのではなかろうかと考えついたのである。

ラクダのキャラバンより船の方がはるかに多くの焼物を運べるはずである。

そこで一九六七年、昔のルートに沿った船旅を始めようと思い立った。その各地で私は、想像どおり中国磁器の破片を波打ち際に発見し、コレクションに出会うことになる。確かに海による交易ルートがあったのである。

「シルク・ロード」という言葉が東西交易の代名詞となっていた折から、「海にもシルクロードがあった」というレポートを朝日新聞に送ったところ、榊原昭二*

榊原昭二（さかきばらしょうじ）
1927年、愛知県出身。著述業。主な著書に『沖縄　84日の戦い』（新潮社）、『新聞記者』（あいうえお館）、『海のシルクロード事典』（共著、新潮社）

氏が早速私の調査研究に「海のシルク・ロード」という名を冠してくださった。この交易ルートでは、磁器ばかりではなく、絹・漆・香料・茶などが運ばれていたことが文献によって明らかにされた。

海のシルク・ロードを証明した海岸の磁器破片

中国の焼物であるから、その生産地においてこそ逸品が保存され研究されるべきであるという常識から大きくはずれ、思いもかけぬところに元時代の染付があった。海岸にも各時代の染付他の破片が数多く打ち上げられていたのである。元時代と呼ぶ王朝は、それまでのどの王朝よりも西域に勢力を張り、中央アジアの交易路が安定し、海上交易が発達した時代であった。

古い国際交易港の跡に行くと、今もって大量の破片が海岸で採集できた。特に海が台風などで荒れた後は、浜で数多く採集ができる。

古来船舶は船底に錘が必要である。英語で言うバラスト*である。中国の磁器が中国特産品として喜ばれることがわかってくると、単なる石塊のかわりに重い焼物をバラストとして船底に積むと、寄港先でそれらは高く売れ、軽くなった量だけそれぞれの港で石を載せると一石二鳥の利があることに、賢い船の商い主が気付いたようである。商品としての磁器はバラストとしての重しでもあった。

いかに焼物が上手に荷造りされていたとしても、長い海の旅には嵐もあれば大きい波のうねりもあって、どうしても割れるものが出てくる。まず検品をして割

バラスト　船の安定をよくするために船底に積む鉄塊・砂利などや、二重底内のタンクに注入する水・油など。

内側

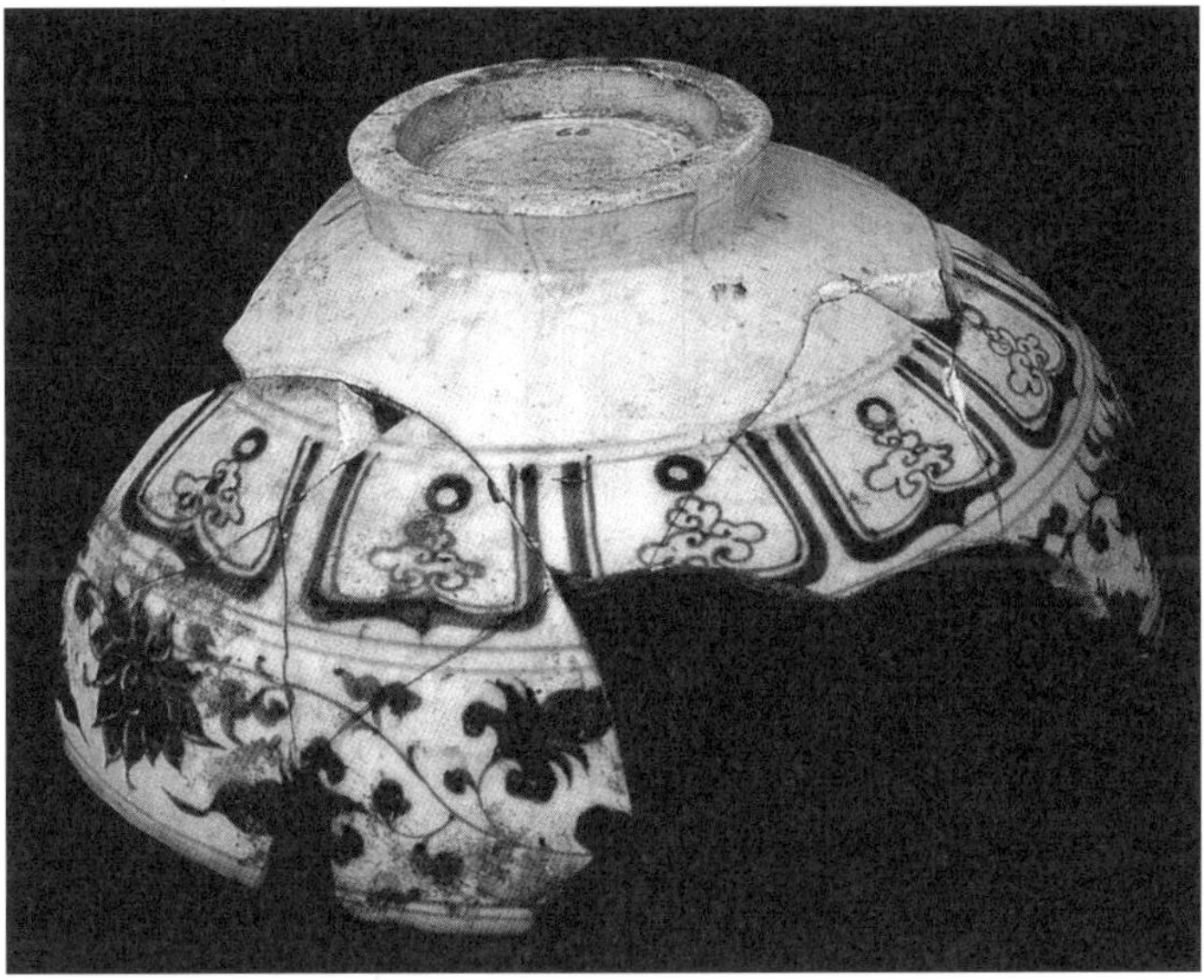

染付波頭草花白抜文鉢　外側［元　14世紀中期　トグラク宮殿出土／インド］

れたものはその海岸で捨てていた。そのような破片が現在でも世界各地にある。もちろん旧国際港跡でなくとも、考古遺跡、陸揚げされた後の倉庫跡、さらに宮殿や住居跡でも、破片は次々と現われる。焼物は使用中にも割れると一定の塵捨場や井戸に捨てられることもある。幸いに焼物は熱せられているので、破片となっても本来の姿の一部として残っている。特に染付、白磁、青磁の中国のものは一三〇〇度という高熱で硬く焼き上がっている。

それらの破片は、その採集地点と中国との間でなんらかの交易があったことを示す大変確実な史料となるのである。たとえ文献的なものが何一つ残っていなかったとしても、破片から割り出した時代によって、その多少がその港の盛衰を反映している。その港のある場所は、その当時港が所属した社会、すなわち王朝などが栄えていたところでもある。

太平洋戦争終了直後から約十五年、海外の旅は我々日本人にとって非常に困難な時期であり、中国磁器を調べたい人間がまず訪れるべきである中国本土は、一九七〇年代までほとんど入国を許されなかった。また太平洋戦争以前の研究者やコレクターも完器をこそ追いかけていたが、破片調査によって海上交易の歴史的な組み立てができることには誰も注意を払っていなかった。いわば新しい研究の分野がひらかれたのはここ三十年ばかりのことである。破片を追って地味な調査が始まり、五十カ国を上回り百回以上の旅を重ねることとなった。が、この研究には終点がない。

焼物の見方

さて、ここで私が焼物を美しいと感じる三つの要素をお話ししよう。その一つは形が美しいこと。第二にその焼物の上にかけられる釉薬の色が美しいこと。そして第三に焼物は実用品であるので使用しやすいこと。この三つが大切である。

中国の宋時代の焼物は、陶磁史の中でも黄金時代といわれているだけあって、確かに美しい。宋時代の焼物は、土という素材を生かした柔らかい線と、壺や瓶、碗を作るのに用いる轆轤による形作りがちょうどもっともよい状態で結合したといえる。宋時代の瓶などの流れるような線、それは焼物としての見どころの一つである。唐三彩のラクダや馬にすばらしいものがある。土で人形や家を作って、土の中に死人といっしょに埋める副葬品であるが、中国では「明器」、日本では「埴輪」と呼ぶ。それがどんなにすばらしくても彫塑的な美しさであって、焼物本来の美しさとは言えないと私は思う。

また、たとえどんなに形がよくても、その焼物の色の調子が、色彩的に汚いものはやはりいやである。青磁や天目釉といって黒地で窯の中で茶色の流れたような紋様ができるものなどは私は好きである。室町時代、修行のため中国の天目山を訪れた禅宗の学僧が、仏に献じられた茶碗を日本に持ち帰った。鉄釉のかかったものを天目釉と呼び、日本ではその茶碗や瓶壺をこよなく愛好し、その褐色や茶碗の形は、今日まで瀬戸その他でコピーされ続けている。

焼物の上に絵のあるものはそれなりに美しいのだが、むしろ焼物の形に絵画的、または装飾的な美しさを加えたと考えたほうがよい。中国では元時代の染付、また明朝になると赤い色が多くなり、筆で紙や絹のうえに絵を描くように焼物にも絵を描くものが多くなる。私はやはり単色、または窯の中で自然にあらわれる色調の変化が焼物の生命であろうと思う。

いま一つは実用品としての美しさである。どんなによくできたものでも、実用に適さないものは、生活から浮き上がり本当の焼物としての美しさに欠ける。焼物の技術が向上すると、焼物でもこんなものができますよといった、いささかアクロバット的なものが喜ばれる。中国では清朝のもの、ヨーロッパではマイセンのレース人形などがその例である。形がよく色調もよい、使いやすいものこそ、焼物としてよいものだと私は考える。

それぞれの国の焼物の楽しみ方

中近東やヨーロッパの人々は、焼物として鑑賞することよりも、我々の手では作れない焼物である中国のものという意識が根底にある。青磁だけでなく染付の場合も同様に、その一点の焼き上り状況、形体の美しさ、そして、より大きいものが良い等、特に日本人が気にするやや神経質な選択がまず第一にありというのとは、かなり異なっている。

染付八宝文高足杯［明 15世紀初期 景徳鎮］

染付チベット文字高足杯 金銅製飾台［明 15世紀
景徳鎮］

特に、日本の茶道という伝統の中で云々される、中国磁器に品物としての格があるとか、ヒビやホツレはないかというところから品物に接するのとは、あまりにも異なっている。もっと簡単に言うならば「これらは中国からきたものですよ、どうです、たくさんあるでしょう」という、いわば常にシンボル・オブ・ステイタスとしての評価が優先するのである。

日本では一点一点箱に収めて蔵に入れ、来訪する客人の趣味に合わせて使用する。茶道では、床に間に掛ける掛軸、花瓶や、由来のはっきりし、銘がある茶碗、それも季節に合わせたものを茶室に集まる限られた客人の趣味を踏まえて、釜や蓋置き、茶杓その他諸々にも趣向をこらす。これも日本人の焼物の楽しみ方かもしれない。

日本は中国文化から次々と教えを受けてきた。だが日本と中国、そのものの創造性、思考、社会性の間には大変な違いがある。同様に、東南アジアや中近東の人達との間にもそれぞれ異なった愛好、解釈がある。

日本人には美に対する独特の神経質な、選択意識がある。それが伝統的な審美眼となっている。私はそのことを海外に出て初めて知ったのである。

日本人の焼物観

今日の日本の焼物を総括的に見てみると、生活に密着した容器、装飾的な品々、さらに陶芸と呼ばれる芸術作品としての創造品は、おそらく世界一級のレベルに

光悦　白楽茶碗［17世紀］

あるといえるだろう。

しかし、その源をたどれば、数百年の昔から中国の卓越した陶磁器の恩恵を受けてきたのである。中国陶磁の世界があってこそと、認めざるを得ない。須恵器、炻器（焼きしめ）、白磁、染付、色絵その他のバラエティの豊かさは確かに中国や朝鮮半島にもある。

だが、我々日本人はこの島国、この湿度のある風土を下地として、独特の神経、細やかな美意識を育てたといえる。

ちょっとした形の中にも、窯の中の変化による景色（窯の中での偶然の変化、変色）にも、楽しみを見出す。茶碗を一つ一つ手のひらの内にして、その肌触り、その重さ、軽さの中に焼物への愛着を感じ楽しめるのは、おそらく世界中で日本人だけであると思うのは考えすぎであろうか。

日本の焼物の創作者や鑑賞する人々の中には、中国の歴史ある品々やヨーロッパの華麗な焼物を愛でる感触とはいささか異なった世界があり、ここにも日本人の焼物に接する特殊な姿勢がうかがえる。

現代は古今東西のあらゆる資料に、自由に接することのできる時代である。

破片を手にして技術の伝播、社会の盛衰、分布の背景などを歴史的に考察している私も、結局煎じ詰めれば日本人的な焼物への執着が根底にあると思える次第である。

蓮花束文（通称ブーケ文）

あとがき

一冊の本をまとめ、いよいよ「あとがき」を記すというのは嬉しいことである。ちょうど拙宅の庭の白梅も八分咲き、昨日も鶯がやってきていた。水仙は昨年と比べ少し花が少なかった。でも冬の寒さからもうすぐ解放される。本作りの仕事もそろそろ終わりである。農文協〈図説・中国文化百華〉のシリーズの一冊として「元の染付海を渡る」という壮大なテーマを申し出られた時は、染付のことであればいくらでもあるよ、と思った。が、四十年に及ぶありすぎる資料を一般読者にわかりやすく一つの流れとするのには、かなりの戸惑いがあった。それを上手にまとめていただいたのは、なんといっても井川宏三、広岡純の両氏や他のスタッフのおかげである。

日本やヨーロッパの焼物が中国の傘の下に育ったことは本文に記したが、磁器が果たした海上交易や東西文化交流は今まであまり顧みられておらず、他の焼物の書籍はほとんどが品物の一点一点を取り上げているのに比べ、私は、染付という柱を立てて中国磁器の世界的分布を通してその技術交流を、中近東、ヨーロッパを含め長い歴史の大きいうねりの中で考えてきたという自負があった。また、トルコ、イラン、インドの百数十点の元染付が、私の手の暖かさの中に一度はあったことも懐かしみを持って甦ってきた。

記しだすときりがない。それにしても楽しい本作りであった。感謝の気持ちでいっぱいである。

二〇〇四年二月　　　　著者

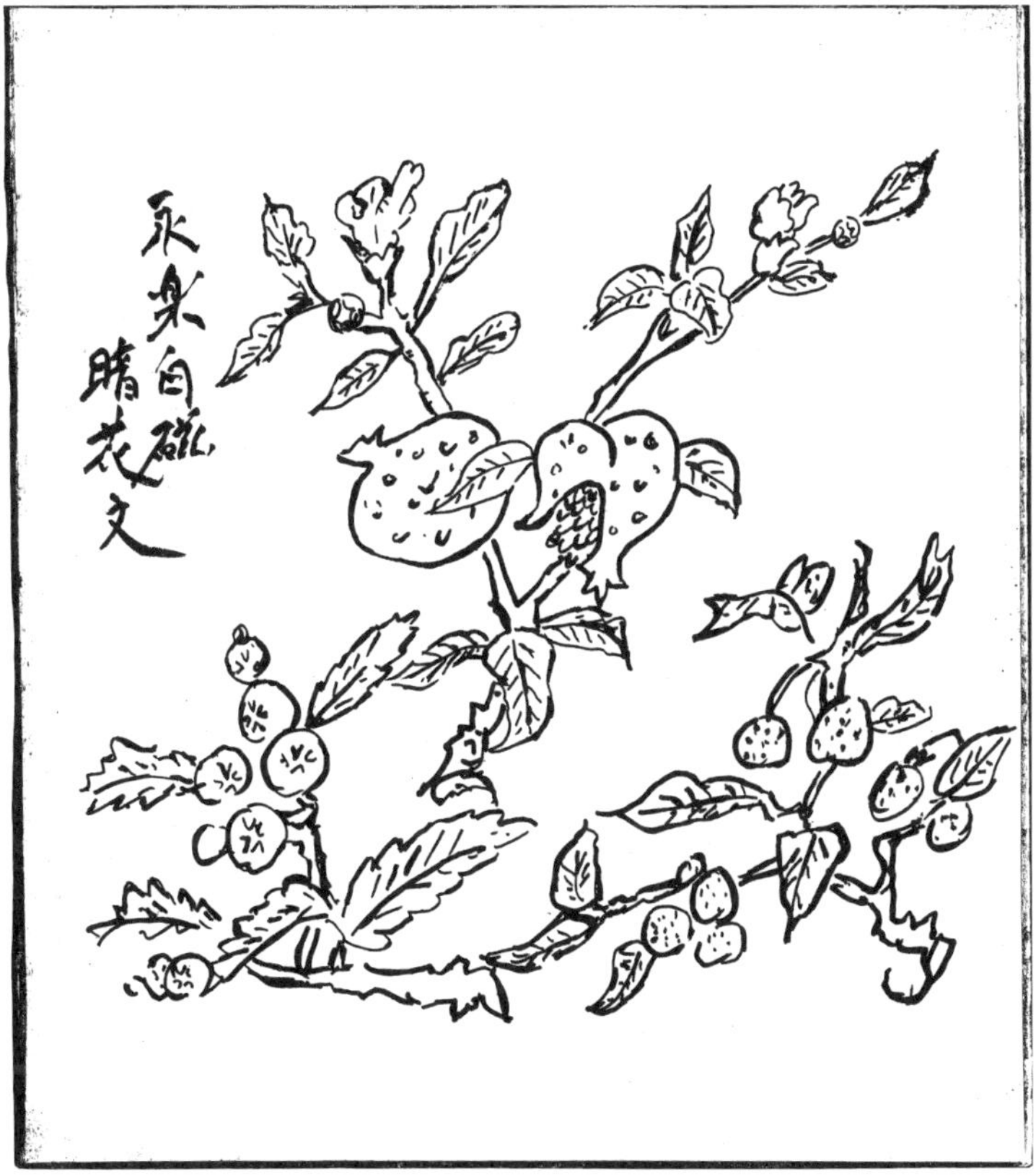

白磁暗花果実梅瓶より　著者画

世界陶磁生産概要年表

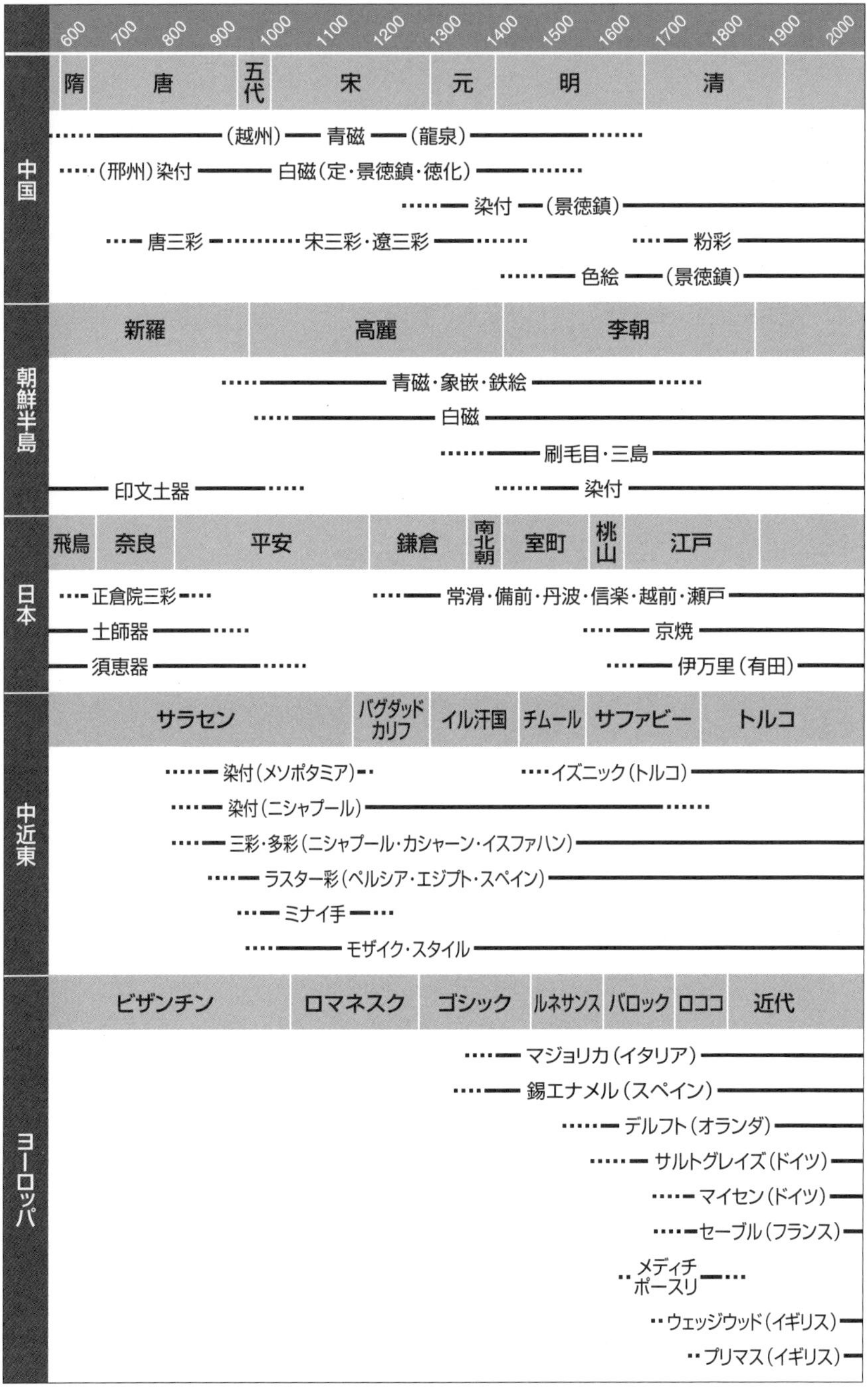
600 700 800 900 1000 1100 1200 1300 1400 1500 1600 1700 1800 1900 2000
中国
隋 唐 五代 宋 元 明 清
（越州）青磁（龍泉）
（邢州）染付 白磁（定・景徳鎮・徳化）
染付（景徳鎮）
唐三彩 宋三彩・遼三彩 粉彩
色絵（景徳鎮）
朝鮮半島
新羅 高麗 李朝
青磁・象嵌・鉄絵
白磁
刷毛目・三島
印文土器 染付
日本
飛鳥 奈良 平安 鎌倉 南北朝 室町 桃山 江戸
正倉院三彩 常滑・備前・丹波・信楽・越前・瀬戸
土師器 京焼
須恵器 伊万里（有田）
中近東
サラセン バグダッドカリフ イル汗国 チムール サファビー トルコ
染付（メソポタミア） イズニック（トルコ）
染付（ニシャプール）
三彩・多彩（ニシャプール・カシャーン・イスファハン）
ラスター彩（ペルシア・エジプト・スペイン）
ミナイ手
モザイク・スタイル
ヨーロッパ
ビザンチン ロマネスク ゴシック ルネサンス バロック ロココ 近代
マジョリカ（イタリア）
錫エナメル（スペイン）
デルフト（オランダ）
サルトグレイズ（ドイツ）
マイセン（ドイツ）
セーブル（フランス）
メディチポースリ
ウェッジウッド（イギリス）
プリマス（イギリス）

東洋における窯の形式

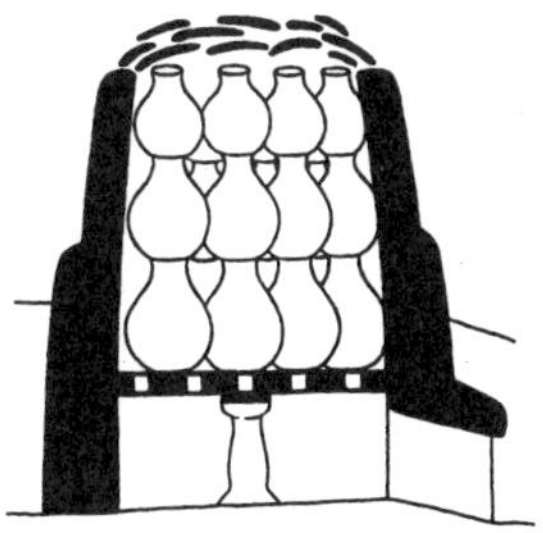

筒窯

下部に焚口をもった空洞の部屋があり、その上にサナと呼ぶ幾本もの棒状のものを渡して、下から燃した火が上に通りやすくするとともに、上からの灰が下に落ちる隙間をもたせている。上部の空間に成形された壺や皿が置かれ、天井はない。

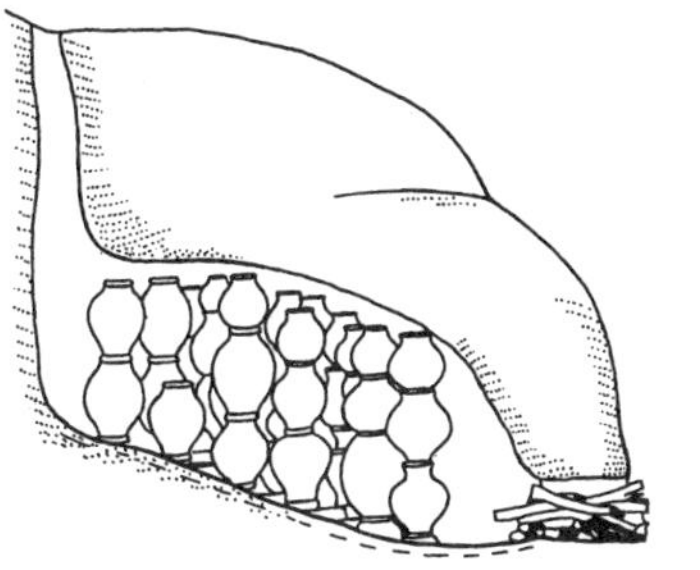

穴窯

傾斜のあるところに焚口を下にあけてトンネルを掘り、少し幅の広くした洞窟を作る。その空間に成形した容器を置き、さらに奥に煙突を設け、焼成室に天井があるもの。

登り窯

穴窯がよりすすんだもので、傾斜面に焼成室がいくつもある。時間をかけて焚口から窯の第一室の熱を上げていく。その熱は窯の中の次の部屋との壁の下部にあいた焔の通るいくつもの穴から第二室を熱する。上へ昇ろうとする火と熱をうまく利用して次々と部屋の熱を上げていく。横から薪を投げ入れることもできる。

参考文献

内藤匡『古陶磁の科学』雄山閣 一九六八年
三杉隆敏『海のシルクロードを求めて』創元社 一九六八年
三上次男『陶磁の道』岩波新書 一九六九年
小山冨士夫『中国・台湾やきものの旅』芸艸社 一九七〇年
長谷部楽爾・林屋晴三編『中国古陶』(上)(下) 毎日新聞 一九七一年
三杉隆敏『中近東の中国磁器』三巻 学芸書林 一九七二年
三上次男・ケマル・チュー『中国陶磁―トプカピサライコレクション』平凡社 一九七四年
佐藤雅彦『中国の陶磁』世界文化社 一九七七年
佐藤雅彦『中国陶磁史』平凡社 一九七八年
三杉隆敏『新安沖海底の秘宝』ロッコーブックス 一九七八年
陳舜臣『景徳鎮中国やきもの紀行』平凡社 一九七九年
長谷部楽爾『トプカプ宮殿の中国磁器』講談社 一九八一年
三杉隆敏『世界の染付』全六巻 同朋舎出版 一九八一～八六
出光美術館編『近年発見窯址出土中国陶磁展』一九八二年
李汝寛・井垣春雄『中国青花瓷器の源流』雄山閣 一九八二年
三杉隆敏『海のシルクロード』新潮選書 一九八四年
亀井明徳『日本貿易陶磁史の研究』同朋舎出版 一九八六年
長沢和俊『シルクロード博物誌』青土社 一九八七年
三杉隆敏『やきもの文化史』岩波新書 一九八九年
矢部良明『中国陶磁の八千年』平凡社 一九九二年
三杉隆敏『マイセンへの道』東書選書 一九九四年
中沢富士雄・長谷川祥子『元・明の青花』平凡社 一九九五年
三杉隆敏『世界・染付の旅』新潮選書 一九九八年

義浄『南海寄帰内法伝』六九四年
趙汝適『諸蕃志』一二二五年
汪大淵『島夷志略』一三四九年
馬観『瀛涯勝覧』一四〇五年
宋応星『天工開物』一六三七年
朱琰『陶説』一七七四年
藍浦『景徳鎮陶録』一八七〇年
馮先銘『新中国陶瓷考古的主要収獲』文物出版社 一九六九年

Garner,Sir Harry:*Oriental Blue and White*,Faber and Faber,1954.
Pope,John A.:*Fourteenth Century Blue and White.A Group of Chinese Prcelain in the Top Kapu Sarayi Muzesi,Istanbul*,Washington Freer Gallary of Art,1952.
Pope,John A.:*Chinese Porcelain from Ardebil Shrine*,Washington Freer Gallary of Art,1956.

図版出典一覧

『世界の染付』(同朋舎出版) p.13／p.15／p.18／p.19上・中・下左・下中／p.22上右・中右左・下右／p.23上左／p.39／p.65／p.69上右左／p.75下／p.121上／p.191
『青花釉裏紅』(上海博物館・両木出版社) p17
図録『中国の陶磁』(東京国立博物館) p.21／p.22下左／p.23下右左
『中国陶瓷辞典』(Sun Tree Publishing Limited;Oriental Art Publications) p.23上右／p.53上右／p.179中右／p.195／p.199
『染付文様事典』(柏書房) p.9／p.35／p.45／p.61上右／p.63中／p.68／p.69下右／p.77／p.97／p.123／p.147／p.185
図録『中国陶磁展 英国デヴィッド・コレクション』(日本経済新聞社) p.51／p.53上左・下／p.79上／p.83／p.115下右左
『やきもの文化史』(岩波新書) p.66／p.107上右・下右／p.113右／p.183上左・下右左／p.203
『中国通史』(海燕出版社) p.80／p.115上・三段目左／p.119上／p.121下
『世界やきもの紀行―その源流を訪ねて』(芸艸堂) p.92／p.187下
『景徳鎮陶録』(東洋文庫) p.93
『海のシルクロードを求めて―東西やきもの交渉史』(創元社) p.103下／p.119下／p.179上左
『中国磁器の旅―海のシルクロードを行く』(学芸書林) p.102
『マイセンへの道―東西陶磁交流史』(東書選書) p.107上左
『アジア遊学』NO.11(勉誠出版) p.115三段目右左
『古陶磁のみかた―歴史と鑑賞』(第一法規出版) p.155／p.161／p.165右中・右下／p.197
『日本庶民文化史料集成』第10巻(三一書房) p.157
『中国陶磁史』(平凡社) p.183右上・右中
『躍動アジア ヴェトナム』(アジア文化交流協会) p.171／p.175／p.179上右
『中国文物精華』(文物出版社) p179下右
図録『上海博物館所蔵 青花磁器展』(朝日新聞社) p.179中左・下左
図録『金龍・金馬と動物国宝展―中国陝西省出土文物』(大阪21世紀協会) p.187上

写真協力

(株)朝日新聞社 p.90上・p.91下
山形欣哉 p.127上・下右
北京天下文化発展有限責任公司 p.20上／p.89上左
＊右記以外は筆者撮影

制作協力

瀬戸市マルチメディア伝承工芸館―瀬戸染付研修所
株式会社 撰

図説❖中国文化百華
第18巻「元の染付」海を渡る
世界に拡がる焼物文化

発行日　二〇〇四年四月五日
著者　三杉　隆敏
企画・編集・制作　「中国文化百華」編集室
企画・発行　（社）農山漁村文化協会
東京都港区赤坂七―六―一
郵便番号一〇七―八六六八
電話番号〇三―三五八五―一一四一［営業］
〇三―三五八五―一一四五［編集］
FAX　〇三―三五八九―一三八七
振替　〇〇一二〇―三―一四四四七八
印刷／製本　（株）東京印書館
ISBN4-540-02173-7
〈検印廃止〉
定価はカバーに表示

図説　中国文化百華・好評既刊

天翔るシンボルたち
幻想動物の文化誌
張競著
3200円

龍、麒麟、一角獣から人面犬、蛇頭魚身まで、中国でも忘れられている幻想動物に古代人の文化メッセージを読む。聖と妖の視点だけにとどまらず、アジア精神文化のルーツと広がりを探訪。500点に及ぶ図版が圧巻。

おん目の雫ぬぐはばや
鑑真和上　新伝
王勇著
3200円

玄宗皇帝の大唐（八世紀前半）ですでに高僧であったのに、命を賭して渡日した鑑真。当時の社会背景と中国仏教界の実相を綿密にたどり、人間・鑑真の宗教的情熱を解き明かす。中国側資料が初めて明かす鑑真の生き様。

しじまに生きる野生動物たち
東アジアの自然の中で
今泉忠明著
3200円

野生を捨てて人と生きるか、絶滅の道をたどるか。トラ、パンダからアルガリ、シフゾウまで、高山・砂漠・密林・凍土などの多様な地理条件に棲む60種の生態と運命から、人と自然の相克が浮かび上がる。写真多数。

イネが語る日本と中国
交流の大河五〇〇〇年
佐藤洋一郎著
3200円

DNA考古学で解明されるイネの起源と伝播の複雑な経路。河姆渡遺跡、徐福伝説とイネ、大唐米など稲作文化の源流を探る。現代の日本品種多数が中国で広がっている現状も視野に、イネと稲作の未来までを展望する。

神と人との交響楽
中国　仮面の世界
稲畑耕一郎著
3200円

生と死をつなぎ、神と人との媒介として幾多の仮面が造られ用いられてきた。三星堆の瞳が飛び出した仮面など多数の出土品。山あいの村で現代も続く仮面劇。仮面を被って神となる法師たち。未知なる中国文化の古層。

真髄は調和にあり
呉清源　碁の宇宙
水口藤雄著
3200円

碁は勝負でなく宇宙の調和の表現である―一代の棋神の生涯と思想をたどる。新布石、十番碁、古今の名棋譜などの棋譜と貴重な写真も満載。九〇歳になるいまも進化する21世紀の呉清源伝。林海峰・陳祖徳氏も寄稿。

（価格は税込。改定の場合もございます。）